CULTURA RELIGIOSA:
CAMINHOS PARA A CONSTRUÇÃO DO CONHECIMENTO

EDITORA
intersaberes

Luiz Alberto Sousa Alves

SÉRIE ENSINO RELIGIOSO

CULTURA RELIGIOSA:
CAMINHOS PARA A CONSTRUÇÃO DO CONHECIMENTO

EDITORA
intersaberes

Rua Clara Vendramin, 58 . Mossunguê
CEP 81200-170 . Curitiba . PR . Brasil
Fone: (41) 2106-4170
www.intersaberes.com
editora@editoraintersaberes.com.br

Dados Internacionais de Catalogação na Publicação (CIP)
(Câmara Brasileira do Livro, SP, Brasil)

Alves, Luiz Alberto Sousa
Cultura religiosa: caminhos para a construção do conhecimento / Luiz Alberto Souza Alves. – 1. ed. – Curitiba: InterSaberes, 2012. – (Série Ensino Religioso).

Bibliografia.
ISBN 978-85-8212-185-6

1. Fenomenologia 2. Religião 3. Religião – Filosofia 4. Religião e sociologia 5. Teologia – Estudo e ensino 6. Teologia fenomenológica 7. Tradições (Teologia) I. Título II. Série.
12-08527 CDD-210

Índice para catálogo sistemático:
1. Fenômeno religioso: Fenomenologia da religião: Ciência da religião 210

1ª edição, 2012.
Foi feito o depósito legal.

Sumário

À minha família – Mª Helena (esposa), João e Mariama (filhos) –, a base da minha vida.

Apresentação

A proposta deste livro é refletir sobre as tradições religiosas, procurando entender a sua importância para a humanidade, suas estruturas e complexidades. *Religião*, atualmente, é um termo demasiadamente genérico, desgastado e mal aplicado. No senso comum, é natural confundir a instituição religiosa como sendo a religião em si mesma. No entanto, quando buscamos entender a religião a partir dos seus fundamentos, percebemos que o caminho não é bem este. A ciência da religião desvelou muitas realidades referentes à religião, uma vez que, a partir dos seus estudos, pode-se compreender que a religião faz parte do processo civilizatório do homem e que ela não se reduz a credos nem a instituições religiosas, pois é bem mais ampla e envolve várias outras realidades.

Esta obra está estruturada em seis capítulos. No primeiro capítulo, discutiremos **o fenômeno religioso**, tendo por base a reflexão da ciência da religião, que é de fundamental importância para compreendermos a estrutura da religião. Nesse capítulo, analisaremos o processo de organização das religiões, o significado da morte nas tradições religiosas e o processo de racionalização e institucionalização que elas sofreram ao longo da sua história.

No segundo capítulo, abordaremos **os textos sagrados** e sua importância para a comunidade de fiéis. As escrituras sagradas revelam em seu conteúdo uma beleza literária e uma preocupação em orientar os devotos na sua caminhada de humanização. O estudo das sagradas escrituras proporcionou à humanidade a criação de métodos interpretativos que foram aplicados em outras áreas de conhecimento, enriquecendo os saberes da humanidade.

No terceiro capítulo, daremos enfoque **à doutrina e sua estrutura**, bem como a importância desta para a tradição religiosa. A doutrina é o conjunto de conhecimentos que fundamentam a tradição religiosa; todos os fundamentos da doutrina emanam do texto sagrado. A doutrina religiosa tem a função de civilizar a humanidade, por esclarecer muitas dúvidas, por dar aos homens um sentido de organização da vida, tanto individual como coletiva, e de criar normas e regras que facilitam a vida em comunidade.

No quarto capítulo, estudaremos **os ritos**, mostrando a sua importância para os homens, que poderiam ser chamados de *animais ritualísticos*. O rito é uma linguagem em gestos por meio da qual o homem procura expressar a sua total entrega à Deus, como ser não só espiritual mas também corporal. O rito contribui no processo civilizatório do homem e na organização da estrutura social do grupo, definindo as regras de comportamento do indivíduo na comunidade e orientando (às vezes definindo) as estruturas responsáveis pelo funcionamento do grupo.

No quinto capítulo, analisaremos **os símbolos**, tão presentes na vida dos homens, nas mais variadas formas. Nas religiões, os símbolos funcionam como chaves que abrem portas para facilitar o processo de aprendizagem e consequente humanização.

No sexto capítulo, discutiremos a **organização dos fiéis em torno da comunidade** e a **elaboração da ética**. *Comunidade* é um termo que deve ser entendido em duas perspectivas: a sociológica e a religiosa, pois há nelas pontos comuns que constituem um agrupamento de pessoas que vivem em conjunto, sendo regidos por normas coletivas que garantem o funcionamento do grupo. *Ética* é o estudo dos princípios, do comportamento moral e da natureza do bem. A ética é de fundamental importância para a humanidade, por regular a nossa relação com o outro e com o mundo.

Esperamos, que este trabalho, ter contribua para uma melhor compreensão da presença da religião em nossa existência.

Introdução

Este livro tem o objetivo de fazer uma reflexão sobre as tradições religiosas e sua importância para a humanidade, por constituírem a primeira forma de saber construída pelo homem, movido pela necessidade de compreender a estrutura da vida. Inicialmente, o ser humano utilizou para a compreensão da estrutura da vida a ferramenta do mito, que, posteriormente, com o processo de racionalização das tradições religiosas, tornou-se a base para o texto sagrado. Este, por sua vez, fundamentou o conhecimento, que pôde orientar todo o saber do credo e da instituição religiosa.

Esta obra também se propõe a fazer uma análise da criação e organização das tradições religiosas no seu universo histórico-cultural, destacando a importância destas no processo de humanização dos homens. Desde a sua origem, elas ofereceram à humanidade ferramentas que a auxiliaram na compreensão da sua existência em um mundo cheio de contradições, apontando caminhos para a busca da compreensão de si mesma e de orientações que possibilitaram a vida em grupo.

No corpo da obra, são destacados aspectos que outrora não eram considerados no estudo das tradições religiosas, tais como a cultura e a geografia, os quais marcam a maneira de ser dessas tradições em termos de valores, ritos e orientações doutrinárias. O conhecimento desses aspectos evita erros de leituras apressadas e descontextualizadas das tradições, facilitando a compreensão mais próxima possível de cada tradição religiosa e de sua importância para quem a ela se dirige.

Um

O FENÔMENO RELIGIOSO

A COMPREENSÃO DA FENOMENOLOGIA DAS religiões é de fundamental importância para o entendimento da religião. É a partir dela que podemos assimilar a estrutura do fenômeno religioso, no qual não podemos dissociar a religião da cultura, pois, se assim o fizermos, iremos cair no etnocentrismo europeu do final do século XIX – que gerou a ideia errônea de religiões superiores e inferiores.

A fenomenologia das religiões, que alguns estudiosos preferem chamar de *história comparada das religiões*, ou de *ciência sistemática da religião*, pretende construir um sistema de análises das religiões que não perca de vista as complexidades presentes nestas. Essa tarefa foi facilitada com a criação da ciência da religião.

1.1
CIÊNCIA DA RELIGIÃO

A CIÊNCIA DA RELIGIÃO AJUDOU-NOS a perceber a importância das tradições religiosas para a humanidade e de todo o processo de racionalização e institucionalização que essas tradições sofreram ao longo do tempo. Com ela, a religião deixou de ser analisada de forma amadorística, a partir do momento em que intelectuais começaram a estudá-la de maneira acadêmica, tentando, aos poucos, afastar-se das amarras da fé (tarefa que não é facilmente executável). Esse estudo inicial foi responsável pela origem da ciência da religião, que, como as outras ciências, tem seus limites, principalmente porque o saber humano não está pronto e acabado, o saber humano é um saber em permanente construção. Portanto, torna-se difícil trabalharmos com a ideia de *verdade absoluta* (o que facilmente observamos presente no universo religioso).

A ciência da religião é uma disciplina que analisa sistematicamente as religiões em todas as suas manifestações. O cientista da religião tem a lucidez de perceber que a teologia é um dos elementos inerentes ao universo das religiões. Por isso, ele não reduz a religião à teologia, evitando, assim, emitir juízos de valor sobre a veracidade e a qualidade das religiões. O objetivo desse cientista é fazer uma descrição mais detalhada e ampla possível de fatos concretos presentes no universo religioso, ensejando possibilitar um entendimento histórico da gênesis e do desenvolvimento das religiões, escapando das armadilhas do reducionismo histórico, que podem aprisioná-lo a fatos e acontecimentos, tirando-lhe a percepção das inter-relações com as diversas áreas da vida.

O resultado do estudo do fenômeno religioso de uma religião é comparado com o de outra, o que possibilita uma compreensão das semelhanças e diferenças presentes nos ritos, doutrinas e estruturas das tradições religiosas. A identificação de traços comuns possibilita percebermos as tradições religiosas como um fenômeno antropológico universal.

A estrutura da ciência da religião é multidisciplinar, o que lhe obriga a ter um diálogo constante com os outros saberes (uma exigência atual comum a todas as ciências), para que se possa compreender melhor o seu objeto de estudo.

1.1.1 Dificuldades da ciência da religião

Em função de sua complexidade e amplitude, a ciência da religião encontra dificuldades no que tange ao seu objeto de estudo; tal fato exige cuidados acadêmicos em qualquer análise que se pretenda mais apurada, evitando, assim, um olhar reducionista sobre os assuntos abordados nesta obra, quais sejam:

a. **Conceituação**

O trabalho da ciência da religião é algo extremamente complexo, a começar pela conceituação do termo *religião*, pois qualquer conceito é reducionista, ou seja, nunca diz na totalidade o que o objeto conceituado é. Pela dinâmica da religião, encontrar um conceito que seja consensual, isto é, aceito pela maioria, constitui-se numa árdua tarefa.

b. **Termos**

Outra dificuldade presente na ciência da religião são os termos utilizados, por não se tratar de uma ciência matemática, que comunica o resultado de suas pesquisas demonstrado em fórmulas ou cálculos. A ciência da religião tem de recorrer ao vocabulário de outras ciências ou saberes, o que exige do cientista da religião uma precisão na utilização dos termos.

c. **Heranças**

Os primeiros estudos feitos na área mostraram a necessidade de o pesquisador se desvencilhar das amarras ideológicas e históricas a que possa estar preso. O estudo comparado das religiões revela essas amarras. Ao se comparar as religiões, tendo o cristianismo como modelo, descobriu-se uma ideologia inerente que colocava a cultura europeia como superior às demais. Ainda hoje usamos terminologias e definições sobre as religiões oriundas do final do século XIX, que nos amarram a algumas ideias que facilmente nos induzem ao erro no estudo das tradições religiosas.

1.2
A ORGANIZAÇÃO DA RELIGIÃO

Descrever o início da religião é uma tarefa que nos remete ao início do processo civilizatório da humanidade e àquela pergunta: Quando começamos a nos diferenciar das outras espécies?

A ciência aponta o começo desse processo a partir da criação da nossa linguagem, que se diferencia radicalmente da linguagem das outras espécies, pois ela é essencialmente simbólica; o homem é um animal simbólico, capaz de criar a linguagem, os mitos, a arte e a religião por meio dos símbolos.

Nosso processo civilizatório principiou quando passamos a fazer perguntas com o objetivo de compreender a realidade da qual participamos. Essas perguntas iniciais ainda hoje continuam a ser feitas. A diferença é que, no primeiro momento, a ferramenta intelectual criada para respondê-las foi a **religião**, o primeiro saber criado pelo homem. Tal tese foi contestada por muitos séculos e ainda não encontrou consenso nos meios acadêmicos. O avanço da ciência, em vez de desmentir os saberes produzidos pela religião, só está a confirmá-los. As questões feitas no início persistem, com a diferença de que hoje não cabe somente à religião respondê-las. A biologia, a física, a química, a astrofísica etc. se empenham em dar respostas sobre a origem do cosmos e dos seres viventes; para perguntas sobre o **sentido da vida,** temos o empenho das ciências humanas em esclarecê-las e, sobre o fim último da existência, a **existência pós-vida**, temos a teologia, a psicologia, a filosofia e outros saberes envolvidos na busca de uma solução para tais questões tão complexas.

A religião, ao que tudo indica, acompanhava todo o cotidiano dos homens primitivos, orientando e explicando as relações sociais e as atividades produtivas do grupo, as quais garantiam a sua existência e sobrevivência em um mundo extremamente adverso. O homem primitivo, na tentativa de compreender o universo no qual estava inserido, percebeu que essa compreensão passa primeiramente pelo conhecimento de si mesmo, o que o levou a uma constatação que iria lhe acompanhar por toda a sua existência, como um grande mistério, que é a da sua **finitude**, pois a morte faz parte da sua existência.

1.2.1
Morte e religião

A religião tem a missão de clarear o obscuro, de responder a algumas das questões que o homem sempre se fez durante a sua existência, como, por exemplo: "O que é a morte?", "O que existe depois dela?". Tais questões o impulsionaram em direção ao transcendente, tendo como intuito achar uma resposta que, de modo surpreendente, surgiu do seguinte raciocínio: se queres conhecer a morte, entenda a vida, pois é na vida que te preparas para a morte. Daí nasce a religião, como instrumento a ser utilizado pelo homem para compreensão da vida, como preparação para um processo que comumente chamamos de *morte* (até por falta de um termo melhor), termo esse desconhecido em algumas tradições religiosas, pois, em sua grande maioria, aquilo que entendemos por **morte** não passa, para elas, de um processo de continuidade da vida.

Não podemos falar da morte sem nos referirmos à vida, pois, da forma que as duas estão tão intimamente atadas e relacionadas, uma não sobrevive sem a outra. O binômio **vida e morte** faz parte da natureza, e sua presença é notada nos reinos animal e vegetal. Os povos primitivos, em suas sabedorias, já tinham percebido isso, pois os seus rituais mortuários evidenciavam essa relação. Em suas simbologias, assinalavam a esperança da sobrevivência e da busca do equilíbrio da vida do grupo – para eles, a morte era o fator de equilíbrio da vida; sem ela; a vida seria um grande caos.

Conceituar **morte** e **vida** é uma árdua tarefa. Esses termos aparentemente parecem simples, mas quando deixamos de lado os reducionismos racionalistas da nossa cultura, percebemos as suas complexidades. A filosofia discute a morte a partir de dois eixos: a **morte como falecimento**, que é um fato natural para todo ser vivente, e a **morte como existência humana**, que pode ser entendida a partir de três aspectos: 1. início de um ciclo de vida; 2. fim de um ciclo de vida; 3. como possibilidade existencial.

A morte como **início de um ciclo de vida** é entendida por muitas doutrinas (filosóficas, esotéricas e religiosas) que admitem a imortalidade da alma e que partem do princípio da dualidade **corpo** e **alma**, cuja base de reflexão apoia-se no pensamento de Plotino*, filósofo egípcio-romano do séc. III d.C., que afirmava ser a morte um grande bem para a alma, pois esta passava a exercer melhor sua atividade, sem os grilhões e limites impostos pelo corpo. A teoria da morte como **fim de um ciclo de vida** é a tentativa de apresentar a morte como um processo natural, o qual devemos aceitar e não temer. Isso pode ser justificado citando-se estudiosos do assunto como Francis Quarles†, poeta inglês do séc.

* Citado por Morin, 1997.

† Citado por Morin, 1997.

XVI, que afirmava que a morte tinha seu início no começo da vida e que morreríamos não por causa de doenças ou acidentes, mas pelo simples fato de estarmos vivos. Para Sêneca*, filósofo espanhol do séc. I a.C., a vida era uma jornada para a morte. Já para os estoicos, a morte constituía-se num repouso da alma, que se livrava das armadilhas dos sentidos, propriedades típicas do corpo. A teoria da morte **como possibilidade existencial** entende que a morte, por ser uma possibilidade sempre presente na vida humana, passa a determinar as características fundamentais desta.

A morte é de fundamental importância para o processo de humanização do homem; é a partir da sua consciência que começamos a estruturar o tecido social com normas e valores. E a religião, sendo também um elemento civilizador, não pode ser compreendida em sua estrutura sem a percepção da morte.

1.2.2 Os elementos da organização religiosa

A organização religiosa se apoia em três elementos básicos: a **fundamentação**, a **preservação** e o **funcionamento**. A fundamentação é a elaboração de um discurso, de um saber, onde toda a estrutura (física, hierárquica e teológica) passa por Deus. A vontade divina fundamenta a estrutura organizacional da instituição religiosa – os textos sagrados, as tradições e as doutrinas sofrem um processo de canonização, que justifica a preservação da instituição por esta se apresentar como sagrada, de origem divina, como exercício da vontade de Deus. É justamente essa sacralidade que será responsável pela criação e organização dos

* Citado por Morin, 1997.

cultos, das leis e das regras que irão disciplinar a vida social e religiosa dos fiéis.

Para que a instituição funcione adequadamente, é necessário que se definam os deveres, os direitos e as funções religiosas de seus participantes, o que justifica a criação da hierarquia e dos movimentos religiosos. Esse tipo de estrutura define os papéis dos dirigentes e fiéis, onde as regras irão prevalecer sobre a experiência. Os dirigentes, também chamados de *especialistas*, exercerão o poder de interpretar regras, normas, leis e doutrinas e de tomar decisões. A definição de atribuições reforça a necessidade de existência dos movimentos religiosos, que se caracterizam como organizações menores e menos burocratizadas, as quais dinamizam as experiências religiosas. Para Passos[46],

> *a religião constitui um sistema social que vai se organizando de forma mais rígida e estabelecendo, com indivíduos e grupos, relações dialéticas que provocam reproduções de seus sistemas sobre o conjunto da sociedade e reações por parte de indivíduos e grupos na busca de novos sistemas alternativos.* (p. 43)

A filósofa Marilena Chaui[16] aponta três momentos que levam as instituições religiosas a se organizarem como tais:

1. *A formação de uma autoridade que detém o privilégio do saber, porque conhece a vontade divina e suas leis. Com ela, surge a instituição sacerdotal e eclesiástica.* [...] *O grupo sacerdotal detém vários saberes: o da história sagrada, o dos rituais, o das leis divinas, pelas quais é imposta a moralidade ao grupo. Como esses saberes se referem ao divino, constituem a teologia.*

2. *A formulação de uma doutrina religiosa baseada na ideia de hierarquia, isto é, de uma realidade organizada sob a forma de graus superiores e inferiores onde se situam todos os seres, por vontade divina. [...] A noção de hierarquia introduz as noções de superior e inferior, definindo a relação entre ambos pelo mando e a obediência. Dessa maneira, a religião organiza o mundo e, com isso, a sociedade. Evidentemente, os que se ocupam com as coisas sagradas estão no topo da hierarquia humana e todos os outros lhes devem obediência.*
3. *O privilégio do uso da violência sagrada para punir os faltosos ou pecadores. Inicialmente, exigia-se que todos os membros da comunidade fossem piedosos, isto é, respeitassem deuses, tabus, rituais e a memória dos antepassados. Com o surgimento da classe sacerdotal, passa-se a exigir que esses membros da comunidade – os sacerdotes – sejam castos, isto é, possuam integridade corporal e espiritual para oficiar os ritos e interpretar as leis. Na qualidade de castos, são os mais puros e por isso investidos [...] do poder de purificação.* (p. 306)

A autoridade religiosa, por produzir a teologia, que é o conhecimento racional das verdades do credo religioso, passa a deter também o poder judiciário, legislando e punindo possíveis transgressões à fé do credo.

O olhar de Passos[46], que é um cientista da religião, já difere um pouco do olhar da filósofa. Para Passos, são quatro os momentos do processo de institucionalização religiosa:

a. ***O momento fundacional:***
- *ligação com a experiência do fundador;*

- *autoridade do fundador portador de dom extraordinário;*
- *regras de vida aceitas pelo grupo;*
- *comunidade informal com poucos discípulos;*
- *centralidade da mensagem religiosa;*
- *comprovação da mensagem por eventos extraordinários;*
- *participação intensa dos membros do grupo;*
- *conflitos latentes controlados pelo carisma do fundador.*

b. **O momento de crise**:

- *expansão do grupo;*
- *morte do fundador e transmissão do carisma;*
- *busca de consenso em torno do carisma;*
- *busca de regras para sucessão e transmissão do carisma;*
- *dispersão e divisão do grupo.*

c. **O momento de institucionalização**:

- *elaboração de regras gerais para o carisma fundacional;*
- *formulação da doutrina, dos rituais, da disciplina e dos papéis;*
- *fixação de uma estrutura de organização;*
- *busca de ligação entre o momento fundacional e a estrutura institucional;*
- *distinção e fixação dos papéis religiosos: especialistas e leigos;*
- *criação de mecanismos de reprodução da instituição através da teologia e da catequese;*
- *oposição entre a Igreja oficial e as práticas alternativas.*

d. **O momento de burocratização**:

- *organização da instituição conforme regras objetivas;*
- *afirmação do papel dos especialistas religiosos;*

- *criação de normas e trâmites jurídicos universais;*
- *importância do discurso religioso racional: teologia;*
- *estabelecimento de regras impessoais para os cargos religiosos;*
- *autonomia das funções e das regras da organização;*
- *busca de eficiência nas práticas religiosas conforme parâmetros preestabelecidos;*
- *carreira eclesiástica estabelecida com regras teológicas, disciplinares e rituais;*
- *luta pelo monopólio dos bens religiosos: Igreja* versus *seitas.* (p. 65-66)

O credo que sofre um processo de forte institucionalização desenvolve mecanismos de controle das dissidências, evitando que o seu saber seja constantemente alterado, o que já não ocorre com tradições religiosas em que o processo de institucionalização é mais brando e menos eficiente.

1.2.3 A racionalização da religião

Quando as religiões se organizam, elas seguem um percurso racionalizador que impede o seu desvirtuamento no tempo e no espaço, o seu desaparecimento e/ou absorção por outra instituição melhor organizada e mais forte politicamente. Para alguns, o processo de institucionalização da religião acaba deturpando o ideal original e tolhendo a experiência de salvação com suas normas e estruturas burocráticas, fazendo com que, no interior da instituição, existam ou nasçam movimentos que exijam o retorno ao carisma dos primórdios, gerando momentos de conflito dentro da instituição e até rupturas.

O processo de institucionalização das religiões está intimamente ligado ao da cultura. As relações entre cultura e religião são compreendidas como um movimento dialético, quando o tecido social (primitivo) carece de organização para funcionar. Percebemos, nesse momento, o saber religioso influenciando a cultura e contribuindo com parâmetros organizacionais. Quando a sociedade está devidamente organizada e o papel das instituições está definido socialmente, a religião deixa de ser a organizadora e passa a funcionar como uma das instituições colaboradoras no aperfeiçoamento das estruturas sociais, contribuindo, principalmente, na criação de uma ética, elemento de grande importância no processo civilizatório dos homens. A história das grandes tradições religiosas mostra a importância destas nesse processo, pois elas acumulam forças morais e políticas que servem de modelo para o tecido social.

A experiência histórica é um aspecto positivo das tradições religiosas, pois, além de servir de modelo para a sociedade, serve como uma proteção contra a perda de sua identidade e consequente alienação institucional. O aspecto negativo desse processo de institucionalização é o risco do conservadorismo, que torna a instituição rígida, dura, incapaz de assimilar as mudanças históricas, ato de extrema importância no processo de modernização das instituições. O conservadorismo institucional atrasa as mudanças e contribui para que haja um descompasso entre instituição religiosa e sociedade: nesta última as mudanças são sempre ágeis, na outra, sempre lentas.

Nas grandes tradições religiosas – no caso específico da nossa cultura ocidental, tomamos como exemplo **o cristianismo** –, a teologia passa a desempenhar um papel de extrema importância na modernização institucional porque faz a mediação interna e externa à religião. Interna, pois provoca uma reflexão, atualizando e adaptando ao momento histórico vigente o conhecimento da tradição (doutrina, ética, dogmas etc), e externa porque a teologia força a instituição a dialogar constantemente com o mundo e, consequentemente, a modernizar-se e a não perder de vista seus carismas, o que poderia seduzi-la a tomar o lugar da política, da ciência, da medicina ou de qualquer área da atividade social. A teologia capacita a tradição religiosa a não perder de vista a sua função.

A religião não tem a função de explicar e solucionar as coisas, mas de dar sentido para as coisas solucionadas e as sem solução, para as coisas explicadas e as sem explicação. Ela mostra a origem e o fim último das coisas e como as pessoas devem se comportar dentro do mundo. Em síntese, a função da religião é contribuir no processo de humanização da humanidade, ou seja, afastar o homem das determinações biológicas e torná-lo humano, educando-o para a vida.

Síntese

A ciência da religião contribuiu de maneira decisiva para entendermos melhor as tradições religiosas e sua importância para a humanidade, por ajudar a elaborar um olhar mais racional sobre a religião, colocando-a como construção humana com o objetivo de contribuir no processo de humanização do homem. Por isso, temas como a morte são de grande relevância, por contribuírem para uma melhor percepção da vida, pois sem a morte não entendemos a vida.

As tradições religiosas não estão prontas nem acabadas, elas estão num processo dialético de constante construção. Por isso, o processo de institucionalização se faz necessário, mas o homem tem de estar atento a esse processo para não se tornar prisioneiro da sua própria criação.

A religião não tem a função de explicar e solucionar as coisas, mas de dar sentido para as coisas solucionadas e as sem solução, para as coisas explicadas e as sem explicação. Ela mostra a origem e o fim último das coisas e como as pessoas devem se comportar dentro do mundo. A função da religião é contribuir no processo de humanização da humanidade.

Atividades de Autoavaliação

Nas questões a seguir, marque as sentenças com verdadeiro (V) ou falso (F). Depois, escolha a alternativa que expressa a sequência correta:

1 Referente à ciência da religião, podemos afirmar:

( ) O limite da ciência da religião deve-se ao fato de que seu saber não é o saber das ciências matemáticas.

( ) O objetivo da ciência da religião é fazer uma análise sistemática da história das religiões.

( ) Uma das dificuldades da ciência da religião refere-se ao uso de seus termos. Posto que eles pertencem a diversos saberes, o cientista da religião deve ter uma precisão muito grande ao utilizá-los.

( ) A estrutura da ciência da religião é multidisciplinar, o que lhe obriga a ter um diálogo constante com os outros saberes.

A) F, F, V, V

B) V, F, V, F

C) F, F, F, V

D) V, V, F, F

2 Sobre a origem da religião, podemos afirmar:

( ) O processo civilizatório do homem tem início quando ele cria a linguagem e faz uso da simbologia.

( ) A organização religiosa se apoia em três elementos básicos que são: a fundamentação, a continuação e o funcionamento.

( ) Os rituais mortuários contribuíram para o aparecimento das religiões.

( ) Para que a instituição funcione adequadamente, é necessário que se definam os deveres, os direitos e as funções religiosas dos participantes, o que justifica a criação da hierarquia e dos movimentos religiosos.

A) F, F, V, V

B) V, F, F, V

C) F, F, F, V

D) V, V, F, F

3 Sobre a organização institucional, é possível afirmar que:

( ) para que a instituição funcione adequadamente, é necessário que se definam os deveres, os direitos e a função religiosa dos membros, o que justifica a criação da hierarquia e dos movimentos religiosos.

( ) o sagrado dá origem à religião, enquanto a sociedade faz aparecer o poder teológico da autoridade religiosa.

( ) a instituição religiosa se burocratiza quando faz a elaboração de regras gerais para o carisma fundacional.

( ) um dos motivos de crise numa instituição religiosa ocorre quando se buscam regras para sucessão e transmissão do carisma.

A) V, V, F, V

B) V, F, F, V

C) F, V, F, V

D) V, V, F, F

4 Sobre a racionalização da religião, afirma-se que:

( ) a religião determina a cultura.

( ) numa instituição religiosa conservadora, as mudanças ocorrem de forma natural.

( ) a teologia é a responsável pelo conservadorismo da instituição religiosa.

( ) a religião contribui no processo de humanização do homem.

A) V, V, F, V

B) V, F, F, V

C) F, F, F, V

D) V, V, F, F

5 Sobre a morte, é correto dizer que:

( ) a morte desequilibra a vida.

( ) vida e morte formam um binômio, uma não é compreendida sem a outra.

( ) para as religiões, a morte é apenas uma transformação radical da vida.

( ) para Sêneca, a morte era uma jornada para a vida.

A) V, V, F, V

B) V, F, F, V

C) F, V, V, F

D) V, V, F, F

Atividades de Aprendizagem

Questões para Reflexão

Elabore um texto em que as duas questões propostas a seguir façam parte da sua reflexão:

1 Qual a importância da religião no processo evolutivo do homem?

2 Por que a consciência da finitude é importante para a humanidade?

Atividades Aplicadas: Prática

1 Entreviste pelo menos cinco pessoas com o objetivo de perceber a opinião delas sobre a questão da morte.

Sugestões de perguntas:

- O que é a morte para você?
- Você pensa na sua morte?

- Você acredita numa vida pós-morte?
- A morte tem alguma importância para o homem?

2 A partir das entrevistas, construa um texto sobre o tema.

Dois

Textos sagrados

A invenção da palavra escrita proporcionou a criação do livro e deu às tradições religiosas as condições de preservar os seus saberes na forma de **escrituras sagradas**, que passaram a orientar e sustentar toda a estrutura da instituição religiosa. Podemos vislumbrar grande beleza e complexidade literárias nas escrituras, fatores estes que contribuíram sobremaneira para a orientação dos devotos em sua caminhada para a humanização, bem como para a criação de métodos exegéticos (interpretativos) aplicados em várias áreas do conhecimento, enriquecendo, assim, os saberes da humanidade.

Começamos este capítulo utilizando o pensamento de Greschat[29], que, ao analisar os textos sagrados das religiões, afirma: "louvado seja quem inventou a escrita!" (p. 48). A invenção da escrita possibilitou à humanidade um salto de qualidade nas suas formas de preservação e sobrevivência e, ao mesmo tempo, permitiu às tradições religiosas codificar em textos os seus saberes.

A primeira codificação foi a dos livros sagrados, que se constituem num primeiro esforço de organização da experiência de fé, para que as gerações futuras tivessem garantia de acesso a esse saber e, mais importante de tudo, para que o conhecimento fosse preservado, não se perdesse no tempo histórico e que o seu conteúdo não sofresse grandes alterações.

O texto escrito passa a ser a base dos diversos saberes que serão produzidos no interior da tradição religiosa, tais como: a doutrina, os ritos, a moral, a simbologia etc. Sem o texto, a tradição religiosa vira um amontoado de ideias sem inter-relação; o texto organiza e estrutura a instituição religiosa – ele é a sua constituição, que manterá viva a sua identidade. Para o crente, o texto é um auxiliar no seu processo de humanização, ajudando-o a compreender melhor os significados da sua existência, mantendo vivos os seus sonhos e esperanças, lembrando-o constantemente da sua condição de aprendiz diante da vida, que é extremamente dinâmica. Fazem parte da vida a alegria e a tristeza, o gozo e o sofrimento, a saúde e a doença, as perdas e os ganhos... Ensinar a lidar e a aprender com essas situações extremas – essa é a grande orientação do texto sagrado para os crentes.

O texto, como forma de conhecimento, tem a sua origem primeira na oralidade, e só posteriormente é que teremos a palavra impressa.

Como explica Régis Debray[24], a primeira forma de transmissão do conhecimento era dada pela tradição oral, período que tem início na nossa pré-história e se estende até a invenção da imprensa feita por Gutenberg, no século XV. A oralidade contém elementos importantes como a retórica, a declamação, a narrativa dramática e o canto, que reforçam o conhecimento ensinado.

A primeira forma de conhecimento por nós utilizada foram os mitos, que, ao contrário do senso comum, não são histórias fantásticas ou invencionices. O mito é a primeira forma (mesmo sendo rudimentar) de explicar as coisas e responder às indagações que o homem se fazia. Posteriormente, com a sistematização e racionalização do saber, nascem as ciências, que assumem a tarefa do mito. A palavra *mito* vem do grego, *mythos* e deriva de dois verbos: *mytheyo* (contar, narrar, falar alguma coisa para outros) e *mytheo* (conversar, contar, anunciar, nomear, designar); portanto, *mito* é uma narrativa sobre a origem de alguma coisa (a origem dos astros, da Terra, do homem, das plantas, dos animais, da água, do fogo, dos ventos, do bem e do mal, da saúde e da doença, da velhice, da morte, das raças, dos instrumentos de trabalho, das guerras, do poder etc.). O mito é um discurso pronunciado para ouvintes que recebem a narrativa como verdadeira, porque confiam naquele que narra, por causa da autoridade deste.

Os mitos se estruturam em **cosmogonias** e **teogonias**. A *cosmogonia* – palavra formada pelos termos gregos *cosmos* (mundo ordenado e organizado) e *gonia* (que quer dizer geração, nascimento a partir da concepção sexual e do parto), este advindo do verbo grego *gennao* (engendrar, gerar, fazer nascer e crescer) e do substantivo grego *genos* (nascimento, gênese, descendência, gênero, espécie) – é a narrativa sobre o nascimento e a organização do mundo a partir de forças geradoras (pai e mãe) divinas. Com o desenvolvimento das ciências, nasce a cosmologia, que se constitui numa explicação racional sobre a origem do mundo e sobre as causas das transformações e repetições das coisas, portanto, ela nasce de uma ruptura gradual com os mitos. A *teogonia* é uma palavra composta de *gonia* e *theos*, que em grego significa *as coisas divinas, os seres divinos, os deuses*; logo, teogonia é a narrativa da origem dos próprios deuses a partir de seus pais e antepassados.

Na falta de ferramentas adequadas para explicar ou responder às grandes perguntas, a humanidade recorre ao saber do mito, que, posteriormente, de forma gradual, transforma-se em ciência. O mito é o organizador da vida, o seu saber produz as normas, as leis, organiza a vida do grupo. O mito dos aborígenes da Austrália intitulado *O tempo dos sonhos* e apresentado por Philip[48] exemplifica bem essa afirmativa:

No começo, a terra era uma planície nua. Tudo era escuro. Não havia vida nem morte. O sol, a lua e as estrelas dormiam embaixo da terra. Todos os ancestrais eternos também dormiam, até que eles acordaram de sua própria eternidade e saíram à superfície.

Quando os ancestrais eternos se levantaram, vagaram pela terra, às vezes sob a forma de animais — como cangurus, emas, ou lagartos —, às vezes com forma humana, às vezes meio animal e meio humano, às vezes meio humano e meio planta. Dois desses seres, autocriados a partir do nada, eram os Ungambikula. Vagando pelo mundo, encontraram pessoas feitas pela metade. Tinham sido criadas a partir de animais e plantas, mas não passavam de montes informes, jogados e amontoados perto do local onde poços de água e lagos salgados podiam ser feitos. Essas pessoas estavam todas emboladas, sem membros ou rostos.

Com suas grandes facas de pedra, os Ungambikula esculpiram cabeças, corpos, pernas e braços. Fizeram os rostos, as mãos e os pés. E finalmente os seres humanos foram terminados. Cada homem ou mulher foi feito a partir de uma planta ou animal, e cada pessoa deve fidelidade ao totem do animal ou da planta do qual foram feitos — a ameixeira, a semente do pasto, os pequenos e grandes lagartos, o papagaio, o rato.

Quando terminaram seu trabalho sagrado, os ancestrais voltaram a dormir. Alguns voltaram para suas casas subterrâneas, outros se transformaram em rochedos ou árvores.

Os caminhos percorridos pelos ancestrais são caminhos sagrados. Em cada lugar por onde o ancestral passou, deixou o traço sagrado de sua presença — um rochedo, um poço, uma árvore.

Pois o Tempo do Sonho não está somente no passado, pois é o eterno Agora. Entre cada batida do coração, o Tempo do Sonho pode voltar. (p. 28)

Os seres humanos estão cercados por coisas que não conhecem, não controlam, não podem evitar. Das forças da natureza às doenças terminais, das armadilhas às tragédias e à morte, os homens acham-se à mercê de algo bem maior, mais poderoso, muito além deles mesmos. O fato é que a nossa condição, diante da grandeza do universo que nos rodeia, é de extrema vulnerabilidade, e isso inspira uma mistura de medo e fascínio, e a necessidade de compreender essa realidade nos faz recorrer aos mitos. Exemplificamos, para facilitar a compreensão da reflexão, mais uma vez citando Philip[48], agora em sua exposição do mito grego de Prometeu:

> *Quando o grande Zeus derrubou seu pai, Cronos — como este, por sua vez, tinha derrubado seu pai, Urano —, ele voltou-se contra a humanidade. Pretendia destruir a raça humana e começar tudo novamente. Mas foi despistado pelo esperto Prometeu.*
>
> *O nome Prometeu significa "premeditação" e, de todos os Titãs imortais, ele era o mais esperto. Foi por isso que ficou do lado de Zeus contra o brutal Cronos e os outros Titãs. Apesar de Prometeu ser imortal, foi um herói da humanidade; alguns até dizem que ele criou os homens a partir de argila e água. Prometeu deu aos seres humanos o dom precioso do pensamento e ensinou ao povo muitas artes e habilidades, tal como estudar as estrelas em suas órbitas, e como usá-las para navegar pelos mares.*
>
> *Essa defesa da humanidade enraiveceu Zeus, e sua raiva chegou ao ápice quando Prometeu enganou os deuses para favorecer a humanidade. Prometeu abateu um boi, e o dividiu em duas partes, enroladas em couro. A porção maior continha apenas gordura e ossos; a menor tinha a carne. Prometeu designou a porção menor aos deuses, mas*

Zeus se queixou. Prometeu sorriu e disse: "Zeus, mais glorioso dos deuses, escolha o que quiser". É claro que Zeus escolheu a porção maior. Quando viu que tinha sido enganado, tirou o fogo da humanidade. "Deixe que comam carne crua", gritou. Mas Prometeu o enganou. Entrou no Olimpo, o lar dos deuses, roubou o fogo da carruagem do sol, e o levou para a terra, dentro de um talo de erva-doce. Então ele ensinou a humanidade como usar o fogo para cozinhar e manter o calor. Quando Zeus olhou para a terra e viu o brilho das fogueiras, caiu numa fúria terrível.

Zeus vingou-se de maneira terrível de Prometeu e da humanidade por terem roubado o dom do fogo. Ele ordenou ao ferreiro coxo, Hefesto, que fizesse uma mulher de argila com a beleza de uma deusa imortal, mas que trouxesse azar para a humanidade. Todos os deuses lhe deram presentes, e a chamaram de Pandora, que quer dizer "cheia de dons". Zeus mandou Pandora de presente, não para o esperto Prometeu, mas para seu irmão idiota, Epimeteu, cujo nome significa "reflexão tardia". Prometeu tinha avisado seu irmão que não aceitasse nenhum presente de Zeus. Mas Epimeteu ficou tão encantado com a beleza de Pandora que a tomou como esposa.

Epimeteu tinha ajudado seu irmão a distribuir muitos dons para a humanidade, e em sua casa tinha um vaso selado que continha os males da doença, velhice e vícios. Prometeu e Epimeteu tinham poupado a humanidade disso.

Pandora não conseguia parar de imaginar o que havia naquele vaso, e um dia sua curiosidade foi demais. Ela abriu o selo. Do vaso saíram as maldições da humanidade, que enchem nossas vidas com sofrimento e infortúnio.

Quando Pandora, em pânico, recolocou a tampa do vaso, uma coisa ainda ficou presa no fundo: Esperança, que a chamou. Pandora ouviu o choro triste e débil e soltou a Esperança no mundo para confortar a humanidade.

Enquanto isso, Zeus planejava uma vingança ainda mais cruel para Prometeu. Zeus o condenou a ser amarrado em um rochedo nas montanhas, para sofrer com o sol escaldante e o frio gelado. E mais ainda, a cada dia uma águia com grandes asas ia bicar o seu fígado.

Seu fígado crescia à noite, de forma que o tormento nunca acabava. Mas Prometeu não desistia. Apesar de devastado de agonia, zombou de Zeus, dizendo: "Sou o único deus que sabe o segredo que vai lançá-lo no esquecimento, como a seu pai antes de você. Terá de me soltar se quiser salvar-se." Pois Prometeu sabia que se Zeus fizesse amor com a ninfa marinha Tétis, como pretendia, ela teria um filho mais forte que o pai, e o reino de Zeus terminaria. Para descobrir esse segredo, Zeus finalmente permitiu que seu próprio filho, Hércules, libertasse Prometeu. Como retribuição pela liberdade, Prometeu avisou a Zeus sobre Tétis, e ela acabou casando-se com um mortal, o Rei Peleu. O filho deles foi Aquiles, um herói da Guerra de Troia. (p. 58)

Nos mitos fundantes, encontramos a presença do binômio **vida e morte**, pois os povos antigos não conseguiam reduzir a vida apenas ao "estar vivo". A morte para eles fazia parte da existência, morrer não era um simples ato de morrer (como fim de tudo), mas de morte como presença, morte como mistério (para onde vamos?), morte como equilíbrio da vida social. Num mito de renovação do povo africano originário do atual Congo, essa questão é evidenciada: as pessoas estavam preocupadas com o grande número de seres viventes no mundo, até então só havia nascimentos e vida, o número excessivo de seres viventes já estava trazendo problemas de espaço e de alimentação. É aí que os orixás intervêm mandando uma chuva que causa uma grande inundação. Quando as águas baixaram, só sobreviveram os seres viventes mais jovens e mais fortes. Houve uma grande festa na comunidade porque, a partir daquele momento, o equilíbrio do mundo estava estabelecido, a morte tinha sido criada.

Da palavra oral evoluímos para a palavra escrita e, consequentemente, para a palavra impressa, para a criação do livro e das grandes bibliotecas de papel impresso, as quais, ao contrário das ancestrais bibliotecas de papiros e tábuas de argila ou de pedra, como a de Alexandria (Egito), possibilitavam armazenar um número jamais imaginado de informação e saber. A força da palavra escrita é a erudição, o estudo, o domínio das línguas e o exercício exegético. A palavra escrita e impressa implica fidelidade às origens e à tradição, normatividade e organização dos saberes, adequação do saber ao uso culto da palavra nas jurisprudências e nos juramentos, além de orientar a interpretação do texto. A palavra escrita nas tradições religiosas passa a ser chamada de *escritura sagrada*, por se constituir no fundamento basilar de todo o saber da tradição.

Faremos uma rápida abordagem sobre como as tradições religiosas organizaram suas escrituras sagradas.

2.1
Confucionismo

Nenhum filósofo influenciou tanto o pensamento chinês quanto Kong Fu Tsé ou Mestre Kong, conhecido aqui no Ocidente como Confúcio, que, em sua humildade, afirmava que não ensinava nada ao povo, apenas recomendava a observação dos costumes ancestrais que estavam esquecidos em sua sociedade. Como educador, Confúcio enfatizava a educação e a habilidade em vez da hereditariedade – fato incomum na China do seu tempo, onde os cargos públicos eram ocupados observando a hereditariedade e não a competência. A partir dessa orientação, esses cargos públicos, que constituíam a base da administração pública, passaram a ser preenchidos por meio de um rigoroso exame de admissão, para o qual qualquer cidadão podia candidatar-se.

Confúcio percebia-se como o mediador dos reis sábios* da Antiguidade. Segundo ele, a sabedoria desses reis se tornava acessível, sobretudo, por meio do estudo de seis textos clássicos: o *Livro das mutações*, o *Clássico da história*, o *Clássico da poesia*, os *Anais da primavera e do outono*, o *Livro dos ritos* e o *Clássico da música* (perdido). Acredita-se que Confúcio tenha escrito os *Anais da primavera e do outono* e um comentário sobre o *I Ching*, além de ter organizado os outros livros citados. Historicamente, ele não escreveu nada sobre seu pensamento, tarefa que coube aos seus discípulos, na obra *Os analectos* (ou *Diálogos de Confúcio*[20]).

O Mestre Confúcio reconhecia o livre-arbítrio dos indivíduos e ensinava: "o comandante do maior exército pode ser removido, mas a vontade da pessoa mais simples não pode ser modificada"[20]. Ele sustentava que a natureza das pessoas é semelhante, mas as experiências da vida as tornam diferentes umas das outras; por esse motivo, essa característica pessoal devia ser identificada e respeitada. O Mestre também falava do Caminho, ou Tao, que permeia todas as coisas e as conduz

* Na China do tempo de Confúcio, os reis deviam ter uma ampla formação intelectual. Por isso, eram chamados de *sábios*.

à sua grandiosidade inerente. No entanto, Confúcio dizia que eram os humanos que faziam o *Tao* ser grande, e não o Tao que os fazia grandes humanos. O respeito pelos pais e o cultivo da virtude eram seus mais importantes preceitos. Ele dizia que poderia até mesmo viver entre os bárbaros, pois a virtude nunca está só e sempre traz bons vizinhos. A seguir, reproduzimos fragmentos do pensamento do Mestre Confúcio, citados na obra *Diálogos de Confúcio*[20].

Do homem

1. *Diz o Mestre: "Aquele que governa pela Virtude é comparável à estrela polar, imutável em seu eixo, mas centro de atração de todos os planetas."*
2. *Diz o Mestre: "O Livro das Odes conta trezentos poemas, mas o essencial concentra-se em três palavras: 'Sem jamais desviar-se' ".*
3. *Diz o Mestre: "Governai à força de leis, mantendo a ordem à custa de castigos, e o povo contentar-se-á em submeter-se, sem experimentar a menor vergonha. Governai pela Virtude, harmonizai pelos ritos, e o povo não apenas conhecerá a vergonha, mas, por si mesmo, tenderá ao Bem."*
4. *Diz o Mestre: "Aos quinze anos, resolvi aprender. Aos trinta, consolidei-me no Caminho. Aos quarenta anos, eu já não experimentava nenhuma dúvida. Aos cinqüenta, conhecia os decretos do Céu. Aos sessenta, tinha um perfeito discernimento. Aos setenta, agia com toda a liberdade, sem, no entanto, transgredir qualquer regra."*
5. *"Que é a piedade filial?" Meng Yizi vem fazer a pergunta ao Mestre, que lhe responde: "É não desobedecer jamais". Pouco mais tarde, o Mestre confia a seu discípulo Fan Chi, que o levou de volta, de*

carruagem: "Outro dia, Meng perguntou-me o que era a piedade filial; respondi-lhe: É não desobedecer jamais." E a Fan Chi, que não compreende, o Mestre precisa: "Segundo os ritos, os pais serão servidos durante toda a sua vida; segundo os ritos, serão enterrados; segundo os ritos, far-se-ão sacrifícios a seus manes."

6. *Meng Wubo, filho mais velho de Meng Uizi, por sua vez lhe faz a mesma pergunta. Responde-lhe o Mestre: "Conduze-te de maneira a não causar a teus pais nenhum cuidado que não se refira à tua saúde."*
7. *A Ziyou responde o Mestre: "Em nosso tempo, a piedade filial não consiste senão em alimentar os pais. Ora, isso fazemo-lo igualmente pelos cães e pelos cavalos. Na ausência de qualquer sentimento de respeito, onde a diferença?".*
8. *A Zixia responde o Mestre: "O difícil é ser filial de todo o coração. Não basta, pois, assumir o encargo dos pais e dos mais velhos, ou deixar-lhes a sua porção de comida e de bebida; a piedade filial é bem mais que isso!".*
9. *Diz o Mestre: "Posso entreter-me com Hui durante um dia inteiro, sem que ele me contradiga uma só vez, a ponto de se o poder ter por estúpido. Pois bem, sei que ele, uma vez só, tem sua maneira de ilustrar meu ensinamento. Este Hui, decididamente, está muito longe de ser estúpido."*
10. *Diz o Mestre: "De um homem, observa sua maneira de agir, examina-lhe as motivações, vê onde acha ele sua ventura. Não é esse o meio seguro de o conhecer?".*
11. *Diz o Mestre: "O bom mestre é aquele que, repetindo o antigo, é capaz de encontrar aí o novo."*

12. *Diz o Mestre: "O homem de bem não é um utensílio destinado a um único uso."*

13. *"Que é um homem de bem?" indaga Zigong. Responde o Mestre: "É aquele que não prega o que é preciso fazer se o não tiver feito ele mesmo."*

14. *Diz o Mestre: "O homem de bem é imparcial e visa ao universal; o homem baixo, ignorando o universal, fecha-se no sectário."*

15. *Diz o Mestre: "Estudar sem refletir é vão; meditar sem estudar é perigoso."*

16. *Diz o Mestre: "Devotar-se a doutrinas perniciosas é buscar a própria perdição". Diz o Mestre a seu discípulo: "Zilu, queres que te diga o que é o conhecimento? É saber que se sabe, quando se sabe, e saber que não se sabe, quando não se sabe: eis o verdadeiro conhecimento."*

17. *Ao vê-lo estudar com vistas a uma carreira bem remunerada, diz o Mestre a Zizhang: "Escuta tudo o que se diz a teu redor, e coloca entre parênteses os pontos duvidosos, para não falares com prudência senão do que tens por certo, e estarás seguro de cometer poucos erros. Presta bastante atenção ao que se faz ao teu redor, e evita as empresas arriscadas, para não te aventurares senão sobre o que é sólido, e terás poucas oportunidades de te arrependeres."*

18. *"Ora, quando se tem pouco a lamentar pelo que se disse, e pouco a reprovar pelo que se fez, as promoções e honrarias seguem-se naturalmente."*

19. *O duque Ai: "Que é preciso fazer para obter a adesão do povo?" O Mestre: "Ponde os homens direitos acima dos perniciosos, e o povo virá a vós; fazei o contrário, e o povo vos negará seu apoio."*

20. *Jí Kangzi pede uma receita para incitar o povo a venerar seu soberano e a ser-lhe leal. Responde-lhe o Mestre: "Tratai-o com respeito, e sereis venerado; sede bom filho para vossos pais, e bom príncipe para vossos súditos, e sereis servido com lealdade; honrai os homens de valor e educai os menos competentes, e todos se verão incitados ao bem."*

21. *Alguém pergunta a Confúcio: "Mestre, como é possível que não exerçais nenhum cargo oficial?" Ao que responde Confúcio: "Diz-se, no Livro dos Documentos: 'Ser bom filho, ser simplesmente bom filho e bom irmão, já é tomar parte no governo'. Vedes, portanto, que não se tem necessidade de ocupar um posto para exercer uma função."*

22. *Diz o Mestre: "Para que pode servir um homem sem palavra? Não é mais viável que um carro de bois sem canga, ou que uma carruagem sem parelha."*

23. *Zizhang: "É possível predizer-se o que será dos dez próximos reinados?" O Mestre: "Os Yin herdaram ritos dos Xia; nossa dinastia Zhou por sua vez, herdou os dos Yin. Ora, sabemos o que cada uma dessas dinastias acrescentou e suprimiu. E o mesmo acontecerá com todos os reinos que se sucederem a Zhou, sejam eles em número de dez ou de cem."*

24. *Diz o Mestre: "Sacrificar a ancestrais que não sejam os seus próprios é pura bajulação. Saber onde está o Justo e passar adiante é a pior vileza."* (p. 37-38)

A China de Confúcio enfrentava sérios problemas de organização social: a falta de valores de justiça, solidariedade e compaixão, com a consequente perda dos laços familiares, desestabilizavam a vida social;

por isso, a preocupação do confucionismo foi a de resgatar esses valores que estavam se perdendo.

2.2 Taoismo

Os textos fundamentais do taoismo, o *Tao Te King* e o *Zhuangzi*, marcaram tanto o pensamento chinês quanto os textos confucionistas. A sua preocupação também é a ética – eles orientam a busca do caminho para encontrar a harmonia de vida, a qual pressupõe a interação do Tao na existência e a agir em comum acordo com ele. Essa religião tem uma vasta coleção de textos (com mais de mil obras) e compreende tratados sobre temas diversos, tais como: rituais, alquimia, exorcismo, vida de pessoas nobres e revelações.

Eis aqui alguns fragmentos de textos taoistas retirados do livro *Hua Hu Ching*: os últimos ensinamentos de Lao Tzu[42]:

~ 43 ~

"Gentil príncipe, há grande poder numa mente integrada e sincera. Conservando sua mente íntegra e infensa a influências, os antigos sábios desenvolveram uma capacidade mental e espiritual profunda. Eles compreenderam que o desenvolvimento intelectual por si mesmo fragmenta a mente e pode levar uma pessoa para longe da verdadeira natureza da vida. No futuro, a humanidade haverá de ressaltar demasiado o elemento intelectual da mente. Em vez de reconhecer a completude da vida, as pessoas a perceberão como tendo um aspecto terreno e um aspecto espiritual que estão separados um do outro e que não têm relação entre si. As pessoas também perder-se-ão em fragmentos isolados de informações conceituais e tornar-se-ão as vítimas de seu

conhecimento, em vez de os senhores desse conhecimento.

O remédio para as pessoas que viverão nos tempos futuros de grande confusão está no conhecimento antigo do Caminho Universal da vida, transmitido de geração a geração. O caminho holístico da vida praticado pelos sábios de tempos remotos integrou o corpo, a mente e o espírito como um todo em todas as atividades. Suas roupas, seu regime alimentar e suas casas estavam em conformidade com a natureza. Essas pessoas contavam apenas com suas pernas para o transporte. Sua educação era ampla e abrangente; ela não enfatizava um elemento do seu ser em prejuízo dos outros. Elas não buscavam atividades especiais para a recreação; trabalho e recreação eram a mesma coisa. Seus tipos de exercício não desenvolviam apenas o corpo, mas a mente e o espírito também, por meio da harmonia de suas energias interiores. Sua música funcionava como uma ponte de comunicação entre a mente e o espírito, e não servia só para expressar as emoções. Seus líderes eram escolhidos por serem modelos notáveis de virtude, não em função de suas capacidades no mundo das finanças ou das armas. A filosofia, a ciência e a prática espiritual estavam incorporadas como um todo."

"Gentil príncipe, o verdadeiro desenvolvimento de uma pessoa ocorre no processo de resolver os problemas da vida. Todas as dificuldades podem ser resolvidas seguindo-se o caminho holístico e íntegro da vida."

O príncipe respondeu: "Venerável Mestre, de que modo as pessoas em eras futuras de confusão poderão lidar com os tempos de muita perturbação?"

"Gentil príncipe, as pessoas no futuro não deverão aceitar cegamente o novo, tampouco rejeitar da mesma forma o velho. As coisas que foram desenvolvidas muito tempo atrás ainda podem ter grande valor se deram

mostras de serem seguras e eficazes de resistir ao tempo. As novas invenções que estão por vir podem parecer atalhos, mas as coisas de conveniência temporal trarão posteriormente problemas ocultos. As gerações futuras terão necessidade de reavaliar todas as descobertas e invenções antigas e novas a fim de assegurar que elas são úteis e boas para a saúde, de acordo com os modelos de um meio de vida holístico."

"Venerável Mestre, como uma pessoa reconhece o Caminho Universal?"

"Gentil príncipe, a pessoa reconhece o Caminho Universal e alcança o nível mais alto do desenvolvimento espiritual da pessoa por meio do esforço de buscar e do processo contínuo de aperfeiçoamento. Pelo fato de a própria capacidade espiritual desenvolvida de uma pessoa ser o melhor piloto no barco da existência, alguns podem chamar essa capacidade de Caminho Universal; contudo, o Caminho Universal não é uma descoberta nem uma doutrina estabelecida. Não sejas jamais tão infantil a ponto de pensar que alguém pode se concentrar no cultivo espiritual e na disciplina moral sem ser útil em termos de virtude ao servir os outros. Esse tipo de atitude é uma doença psicológica ou um jogo infantil que troca a fé religiosa pela proteção psicológica e pelas bênçãos emocionais efêmeras." (p. 67)

Os fragmentos a seguir foram extraídos do livro *Os mestres do Tao: Lao-Tzu, Lie-Tzu, Chuang-Tzu*[43]:

O GALO DE BRIGA

Esta história destina-se a ressaltar as qualidades enaltecidas pelo Tao:

"Ki Siao-Tzu adestrava um galo de briga para o rei de Tcheou. Dez dias (após o início do adestramento), o rei pergunta:

— O galo já está pronto para a briga?

O outro responde:

— Ainda não, ele é vaidoso e arrogante.

Dez dias se passam e o rei repete a sua pergunta. O outro lhe diz:

— Ainda não, ele reage a cada sombra e a cada ruído. Dez dias mais tarde, o rei insiste na pergunta.

— Nada ainda, — responde-lhe o outro. — Ele ainda tem o olhar muito irritado e um ar de triunfo.

Finalmente, decorridos outros dez dias, como a pergunta se reiterasse, (Ki Siao-Tzu) declara:

— Ele está quase pronto! Quando os outros galos cantam, isso não o incomoda em nada. Quando se olha para ele, parece que se vê um galo de madeira. Sua força interior (Te) é perfeita.

Os outros galos não ousavam aproximar-se dele; (pelo contrário), desviavam-se e iam embora." (Lie-Tzu, Livro II, cap. XX)

A MORTE

Como tivesse morrido a mulher de Chuang-Tzu, Houei-Tzu foi apresentar-lhe as suas condolências. Ele encontra Chuang-Tzu sentado em posição de joeirar, cantando e marcando o compasso em uma gamela. Houei-Tzu lhe diz:

– Já é bastante que não choreis a morte daquela que foi a companheira de vossa vida e que criou os vossos filhos; mas, cantar, batendo na gamela, é demais!

– Absolutamente, – diz Chuang-Tzu. – No momento de sua morte, naturalmente fiquei afetado por um instante, mas, refletindo acerca do começo, descobri que, na origem, ela não tinha vida, nem mesmo forma; e não só não tinha forma, como também não tinha alento. Algo de fugidio e de inapreensível se transforma em alento, o alento

em forma, a forma em vida, e, agora, eis que a vida se transforma em morte. Tudo isso se assemelha à sucessão das quatro estações do ano. Neste momento, minha mulher está deitada tranqüilamente na grande casa. Se eu me lamentasse e soluçasse ruidosamente, essa atitude significaria que não compreendo o curso do destino. Por essa razão, me abstenho.

O próprio Chuang-Tzu reconhece ter sido afetado pelo desaparecimento de um ente querido, mas, diante do inelutável, se curva. Trata-se, também neste caso, da flexibilidade da adaptação e do conhecimento, que lhe prestam auxílio na ocorrência. A transformação é o destino de toda existência:

"Todos os seres do mundo saem do motor sutil e a ele retomam."

Existe, por conseguinte, uma continuidade, uma permanência da condição do ser. A morte é uma certeza, como o são as quatro estações. Onde se encontra a vida?...

"No curso de uma viagem, Lie-Tzu tomava sua refeição à beira do caminho quando subitamente percebeu um velho crânio em meio aos tufos de relva. Ele arranca a relva, aponta o indicador para o crânio e lhe diz:

— Somente nós, tu e eu, sabemos que não estás nem morto nem vivo. És verdadeiramente infeliz? Sou eu verdadeiramente feliz?"

(Chuang-Tzu, cap. XVIII)

Do ponto de vista do "indiferenciado", a eternidade é tão constante agora quanto sempre. A vida e a morte são distinções temporais e relativas. No absoluto, a morte não passa de uma ilusão. Mas isso não pode ser percebido através da imposição de sensações ao indivíduo, que, ao considerar sua a existência, se separa do todo. Não podendo imaginar "o outro lado", seu temor do desconhecido decuplica a sua vinculação à forma, ao passo que, desembaraçado do eu ou do ego, o homem deixa de ver a morte como uma ruptura ou como um nada. Libertado de suas cadeias, ele recebe a imediata compensação disso: a luz do conhecimento, isto é, a visão do Tao.

A eternidade não tem qualquer necessidade de religião; esta última só é necessária para a incompreensão da etapa transitória que se interpõe entre o pensamento e sua fonte.

"Mas, para quem se submete à realidade dos seres e à tradição das relações humanas, não ocorre dessa maneira. A união implica a separação, o aperfeiçoamento produz a destruição; a integridade atrai a humilhação e a autoridade gera a crítica. Pela ação, corre-se o risco do fracasso; pela inteligência, provoca-se a conspiração; pela incapacidade, atrai-se o desprezo. Como é possível confiar nessas contradições? Discípulos, guardai bem o seguinte: tomai por única morada o Tao e a sua virtude."

(Chuang-Tzu, cap. XX)

Tudo o que cai sob o domínio dos sentidos é efêmero e não é sobre a impermanência que se pode basear uma certeza. Por conseguinte, "discípulos", tomai um plano de estabilidade, um "desconhecido", um "zero absoluto", e vede qual é a sua potencialidade através das formas; trata-se do Tao e de sua virtude. A morte, vazia de existência, não traduz a virtude do Tao?

O sábio taoista não separa o Céu e a Terra, a existência e a vida, o zero e os números, o Tao e a sua virtude. Dessa forma, Chuang-Tzu não rejeita o sentimento humano de afetividade — experimentado por ele quando da morte de sua mulher —, mas, ao tomar o Tao como morada, reencontra a sua serenidade. Ele não se compadece de seu próprio destino e não dá mostras de qualquer hipocrisia. Através desse ensinamento direto, já é esboçada uma prefiguração do Ch'an chinês, denominado Zen no Japão. (p. 99-126)

O taoismo, ao contrário do confucionismo, cuja preocupação era mais social, centrou o foco da sua doutrina na busca do equilíbrio interior de cada ser, pois entendia que pessoas equilibradas tanto no aspecto físico como psíquico e espiritual poderiam contribuir melhor para a vida em sociedade.

2.3
A RELIGIÃO NA ÍNDIA – HINDUÍSMO

A RELIGIÃO INDIANA POSSUI UM vasto *corpus* de literatura sagrada. Embora, atualmente, a maioria desses textos esteja disponível em forma de livros, nem sempre foi assim, de modo que durante milhares de anos a revelação hindu atravessou as gerações sendo transmitida oralmente. A escritura sagrada da religião indiana tem livros considerados revelados, que são *os Vedas*, e livros de revelações de importância menor, mas que detêm uma grande reverência dentro da Índia e ainda hoje orientam toda a vida dos fiéis. Dessa vasta literatura, faremos uma apresentação sintética de cada uma delas.

O *Veda* é composto por quatros livros: *Rig*, *Yajur*, *Sama* e *Atharva* – o *samhitâ*, ou *coletâneas*, que significa *saber* ou *conhecimento sagrado*, também conhecido como *revelação* – *shruti* ou *sruti* (audição, pois fora transmitido pela via oral), porque acredita-se ter sido como que "exalado" pelo absoluto – *o Brahman* – no começo do mundo, mais exatamente por ocasião de cada recriação do mundo, e captado ou recebido por certos sábios ou *rsi*, que os transmitiram de geração em geração até nossos dias, pela via exclusivamente oral. Para alguns, os *Vedas* foram revelados por Deus, enquanto outros acreditam que não tiveram origem divina nem humana, mas que são eternos. A função básica dos Vedas é ritualística. Sua forma atual deve ter se consolidado entre os séculos XV e X antes da Era Cristã. Analisemos cada um em sua especificidade.

O *Rig-veda* é uma coleção de hinos sânscritos. Contém 1.028 *kuktas* – cantos ou hinos, distribuídos em 10 livros. Data provavelmente do segundo milênio a.C., e é conhecido como *o veda das estrofes*. O *Yajur-veda* é o *veda das fórmulas do sacrifício*, o manual para orientação dos sacerdotes em cultos sacrificiais. Estão reunidos em duas coleções: *Taittiriya*, o *Yajurveda preto*, e *Vãjasaney*, ou *Yajurveda branco*. A diferença entre eles é que o negro é mais difícil de ser lido, existindo em meio a suas preces alguns comentários, explicações ou interpretações, dificultando a leitura. Ambos possuem aproximadamente 3.000 estrofes ou linhas de prosa. Já o *Sâma-veda é o Veda das melodias, das canções sagradas*. Conjunto de hinos tomados em parte do *Rig-veda*, transpostos e reorganizados para servir às exigências litúrgicas. Possui aproximadamente 2.000 estrofes. O *Atharva-veda*, também conhecido como *Brama Veda*, é o guia do sacerdote na liturgia, o hino religioso recitado durante os sacrifícios, composto de 760 partes e aproximadamente 6.000 estrofes.

Dentre as obras tidas como "menores", mas não de menor importância, temos os *Brahamanas* – textos contendo instruções rituais detalhadas, como se fossem manuais para serem seguidos pelos sacerdotes. Descrevem as modalidades dos sacrifícios e explicam o seu mecanismo retributivo. Textos de cunho eminentemente filosófico, como os *Aranyakas*, têm como doutrina a ênfase ao Eu, sujeito do sacrifício, e não à realização dos rituais propriamente ditos. Segundo esses textos, os deuses estão na consciência do indivíduo. É no interior do homem, no seu Eu, onde estão os deuses e a verdade. É na interiorização dos sacrifícios que devem ser endereçadas as oferendas aos deuses.

Figuram-se igualmente como textos de grande vulto *Os Upanishads* – dos termos *upa* (perto), *ni* (embaixo) e *shad* (sentado) –, que possuem esse nome porque os devotos que recebiam os ensinamentos sentavam-se ao pé dos pregadores. São textos filosóficos considerados por alguns como esotéricos, abordando questões sobre a natureza do **absoluto** e sobre a origem, o destino e a essência do homem. Os 108 *Upanishads* são textos muito importantes, pois inspiraram muitas escolas filosóficas hindus em séculos posteriores. Apesar de ser muito difícil datá-los, é provável que os 11 *Upanishads* principais tenham sido compostos por volta de 800 a.C., e, mais tarde (entre os séculos II a.C. e II d.C.), alguns textos importantes como, por exemplo, o *Svetasvatara*. Já os *Sutras* são textos quase sempre pequenos e muito resumidos e versam sobre assuntos diversos, como, por exemplo: gramática, tratados de astronomia e astrologia, manuais de geometria, arquitetura, leis éticas e sociais. Por serem demasiado breves, os textos necessitavam de comentários para a sua melhor compreensão. A produção dos comentários levou, por um lado, a uma tradição de interpretação e, por outro, a muitas variantes nessas interpretações.

Texto mais prolixo em relação aos anteriores, no que tange a sua organização, é o chamado *Puranas* – que significa *antiguidade* –, no qual verificamos ensinamentos mitológicos, lendas, genealogia de deuses, informações sobre peregrinações e elementos sobre práticas espirituais.

Neles, encontramos as biografias de Shiva, Krishna e Vishnu.

Os *Tantras* são textos recentes, escritos após o século VI d.C. Dentre eles, destacam-se aqueles considerados *shivaístas*, conhecidos como *coletâneas* e os *vishnuístas*, denominados *Agamas* ou *tradições*, assim como os *Tantras* propriamente ditos. Esses textos possuem rituais diversos como: métodos para despertar os chacras; para adquirir poderes paranormais (*siddhis*); para alterar a consciência; além de elementos éticos e doutrinários. O tantrismo é uma forma de expressão religiosa saturada de aspectos esotéricos, em que se desenvolveu um verdadeiro vocabulário oculto, cujos ensinamentos são mantidos pelos *Passus* (homens considerados santos).

Os épicos apontam mais para a perene luta entre o bem, o mal e o caos nos assuntos humanos. Dão uma garantia de que a ordem prevalecerá e de que existe um caminho por entre os pântanos das dúvidas e das interrogações. A tese básica dos épicos é a de que a história está dividida em ciclos. No começo do mundo, existe a integridade e a ordem (*dharma*). A seguir, porém, e durante as quatro eras, tudo se deteriora, até os deuses decidirem destruir o mundo e começá-lo de novo. Os poemas indicam a necessidade de descobrir significados e propósitos, mesmo nos períodos de desordem.

O *Mahabharata* é o maior épico do mundo, a mais longa epopeia da literatura universal, possuindo mais de 100.000 versos. O tema central do poema é o *dharma*, especialmente o **da realeza**. Esse épico descreve uma batalha ocorrida no campo de Kurukshetra. A guerra civil de que nos fala precipita a quarta era, a era da desintegração final e da desonestidade, a *kalyuga*.

O ponto mais alto do *Mahabharata* é a seção intitulada *Bhagavad*

Gîtâ ("O canto do Senhor" ou "canto dos bem aventurados"), na qual Arjuna se mostra hesitante em entrar na batalha contra seus amigos e parentes. Entra em diálogo com o condutor do seu carro de guerra, que não é outro senão Krishna, a oitava encarnação de Vishnu, que o convence a dar a ordem de batalha contra a família Kuru. Krishna argumenta que a morte não destrói a alma e que um homem deve cumprir o seu dever de acordo com a sua classe. Cumprir um dever não implica culpabilidade, se o dever for feito com um espírito de desinteresse. Krishna salienta que o conhecimento, o trabalho e a devoção são todos caminhos para a salvação. Pela devoção a si próprio (em quem o impessoal Brahman se transforma num deus pessoal e de amor), Arjuna pode libertar-se das suas dúvidas e de tudo o que o prende. O *Bhagavad Gítâ* salienta que a salvação é acessível a todas as pessoas: as distinções de classe não são uma barreira, mas um caminho para garantir a salvação.

O *Ramayana* é outro poema épico de grande importância na Índia. Possui 24.000 pares de versos, tendo sido redigido no século III a.C. Trata da história do rei Rama, um príncipe de Ayodhya que foi forçado a se exilar devido a um complô tramado pela própria madrasta. Enquanto o príncipe está no exílio, a sua esposa Sita é sequestrada pelo demônio Ravana e levada para o Sri Lanka. Com a ajuda de um exército de macacos, Rama recupera a mulher e novamente torna-se rei. Rama é a personificação da honestidade e é considerado uma das dez encarnações de Vishnu. Assim como o *Mahabharata*, o *Ramayana* é uma história sobre o *dharma* e o triunfo deste sobre o *adharma*, do bem sobre o mal, da ordem sobre o caos. É uma narrativa muito popular, recontada em muitas versões diferentes.

Leia, a seguir, alguns fragmentos da literatura sagrada da Índia, extraídos do livro Os *upanishads*[51]:

Kena

Que a quietude desça sobre os meus membros, Minha fala, meu fôlego, meus olhos, meus ouvidos; Que todos os meus sentidos se tornem claros e fortes. Que Brahman se mostre a mim.

Que eu jamais negue Brahman, e nem Brahman a mim. Eu com ele e ele comigo — possamos morar sempre juntos.

Que seja revelada a mim, Que sou dedicado a Brahman, A sagrada verdade dos Upanishads. OM... Paz — paz — paz.

Quem Comanda *a mente para que ela pense? Quem ordena que o corpo viva? Quem faz a língua falar? Quem é o Ser radiante que conduz o olho à forma e à cor, e o ouvido ao som?*

O Eu é o ouvido do ouvido, a mente da mente, a fala da fala. Ele também é o alento do alento, o olho do olho. Ao abandonarem a falsa identificação do Eu com os sentidos e com a mente, e ao saberem que o Eu é Brahman, os sábios, ao deixarem este mundo, tomam-se imortais.

O olho não o vê, nem a língua o exprime, nem a mente o alcança. Não o conhecemos e nem podemos ensiná-lo. Ele é diferente do conhecido, e diferente do desconhecido. Foi o que ouvimos dos sábios.

Aquilo que não pode ser expresso em palavras mas pelo qual a língua fala — sabei que é Brahman. Brahman não é o ser que é adorado pelos homens.

Aquilo que não é compreendido pela mente, mas pelo qual a mente compreende — sabei que é Brahman. Brahman não é o ser que é adorado pelos homens.

Aquilo que não é visto pelo olho, mas pelo qual o olho vê — sabei que é Brahman. Brahman não é o ser que é adorado pelos homens.

Aquilo que não é ouvido pelo ouvido, mas pelo qual o ouvido ouve — sabei que é Brahman. Brahman não é o ser que é adorado pelos homens.

Aquilo que não é trazido pelo sopro vital, mas pelo qual o sopro vital é trazido, sabei que é Brahman. Brahman não é o ser que é adorado pelos homens.

Se pensais que conheceis bem a verdade de Brahman, sabei que conheceis pouco. O que pensais ser Brahman no vosso Eu, ou o que pensais ser Brahman nos deuses — não é Brahman. Deveis, portanto, aprender o que é realmente a verdade de Brahman.

Não posso dizer que conheço Brahman totalmente. Nem posso dizer que não o conheço. Aquele dentre nós que melhor o conhece é quem entende o espírito das palavras: "Eu nem sei que não o conheço".

Aquele que verdadeiramente conhece Brahman é quem sabe que ele está além do conhecimento; aquele que pensa que sabe, não sabe. O ignorante pensa que Brahman é conhecido, porém os sábios sabem que ele está além do conhecimento.

Aquele que percebe a existência de Brahman por trás de todas as atividades do seu ser — seja sensação, percepção ou pensamento — somente ele obtém a imortalidade. Através do conhecimento de Brahman, vem o poder. Através do conhecimento de Brahman, revela-se a vitória sobre a morte.

Abençoado o homem que enquanto ainda vive percebe Brahman. O homem que não o percebe sofre sua maior perda. Quando deixam esta vida, os sábios, que perceberam Brahman como o Eu em todos os seres, tornam-se imortais.

Em determinada ocasião, os deuses obtiveram uma vitória sobre os demônios e, apesar de o terem feito apenas através do poder de Brahman, ficaram extremamente vaidosos. Eles disseram a si próprios: "Fomos nós que derrotamos os nossos inimigos, e a glória é nossa."

Brahman percebeu a vaidade deles e apareceu diante deles. Porém eles não o reconheceram.

Os outros deuses então disseram ao deus do fogo: "Fogo, descobri para nós quem é esse misterioso espírito."

"Sim", disse o deus do fogo, e aproximou-se do espírito. O espírito lhe disse:

"Quem sois vós?"

"Sou o deus do fogo. Aliás, sou muito conhecido."

"E que poder exerceis?"

"Posso queimar qualquer coisa que exista sobre a Terra."

"Queimai isto", disse o espírito, colocando palha à sua frente.

O deus do fogo caiu em cima da palha com toda a sua força, mas não pôde consumi-la. Então voltou rapidamente para junto dos outros deuses e disse:

"Não posso descobrir quem é esse misterioso espírito."

Os outros deuses disseram então ao deus do vento: "Vento, descobri para nós quem é ele."

"Sim", disse o deus do vento, e aproximou-se do espírito. O espírito lhe disse:

"Quem sois vós?"

"Sou o deus do vento. Aliás, sou muito conhecido. Voo velozmente através dos céus."

"E que poder exerceis?"

"Posso soprar para longe qualquer coisa que se encontre sobre a Terra."

"Soprai isto para longe", disse o espírito, colocando palha diante dele.

O deus do vento caiu em cima da palha com toda a sua força, porém foi incapaz de movê-la. Então, voltou rapidamente para junto dos outros deuses e disse:

"Não posso descobrir quem é esse misterioso espírito."

Os outros deuses disseram então a Indra, o maior deles todos: "Ó respeitável, descobri para nós, nós vos suplicamos, quem é ele."

"Sim", disse Indra, e aproximou-se do espírito. Porém o espírito desapareceu, e em seu lugar surgiu Uma, a Deusa-Mãe, bem-adornada e de uma beleza extraordinária. Contemplando-a, Indra perguntou:

"Quem era o espírito que apareceu para nós?"

"Aquele", respondeu Uma, "era Brahman. Foi através dele, e não de vós mesmos, que obtivestes a vitória e a glória."

Desse modo, Indra, o deus do fogo e o deus do vento reconheceram Brahman.

O deus do fogo, o deus do vento e Indra — eles superaram os outros deuses, pois chegaram mais perto de Brahman, e foram os primeiros a reconhecê-lo.

Porém, dentre todos os deuses, Indra é supremo, pois ele foi dos três o que chegou mais perto de Brahman, e foi o primeiro deles a reconhecê-lo.

Essa é a verdade de Brahman com relação à Natureza: seja no clarão do relâmpago, ou no piscar dos olhos, o poder que aparece é o poder de Brahman.

Essa é a verdade de Brahman com relação ao homem: nos movimentos da mente, o poder que aparece é o poder de Brahman. Por esse motivo, um homem deveria meditar sobre Brahman de dia e de noite. Brahman é o adorável ser em todos os seres. Meditai sobre ele assim. Aquele que medita desse modo sobre ele é respeitado por todos os outros seres.

Um Discípulo

Senhor, ensinai-me mais sobre o conhecimento de Brahman.

O Mestre

Já vos revelei o conhecimento secreto. Austeridade, autocontrole, execução das tarefas sem apego — esse é o corpo daquele conhecimento. Os Vedas são os seus membros. A verdade é a sua verdadeira alma.
Aquele que alcança o conhecimento de Brahman, livrando-se de todo o mal, encontra o Eterno, o Supremo.
OM ... *Paz — paz — paz.* (p. 29-32). [grifo nosso]

O texto "Dos Tantras" foi extraído do livro A *sabedoria da Índia*[36]:

Dos Tantras

Para os sacerdotes, Deus está no fogo;
para os tolos, em imagens de barro;
os pensadores sentem Deus no coração;
para os iluminados, Ele está em toda a parte.

Também o poderoso sofre menosprezo
enquanto não demonstra sua força.
É fácil saltar por cima da fogueira recém-acesa,
mas quem ousa fazê-lo quando as chamas estão altas?

A tempestade não desenraizava ervas tenras,

pois elas se inclinam para qualquer lado;
só derruba árvores de grande porte,
pois os grandes só medem forças com os grandes.

Muito se assemelham ao braço do indeciso e o da balança!
O mais leve toque o inclina para cima ou para baixo.

Convém cortar pela raiz a intimidade
com pessoas que não nos agradam.

A mente do homem inteligente
amadurece antes que o corpo envelheça;
no tolo, o corpo envelhece
sem que a mente amadureça.

Quando muitos fracos se unem, é difícil vencê-los;
de fibras é tecida a corda que prende o elefante.

O mundo não se interessa pela verdade;
prefere seguir as pegadas de quem mostrou o caminho!

Quem se limita a estudar os livros, continua sendo tolo;
só é inteligente quem põe em prática o que aprendeu
(neles).

O doente tem que tomar o remédio
de que lhe adianta saber como se chama?

Ajudar quem não nos ajudou,
fazer o bem, não esquecer o benefício recebido,
erguer quem foi pisoteado pelo destino
tudo isto mede a verdadeira nobreza!

O inteligente rejeita a violência,
pois sabe que a gentileza dá melhor resultado.

Mesmo que nos esforcemos, não enxergamos quem está
permanentemente envolto nas trevas da miséria, ainda que
ele esteja diante de nós, em plena luz do dia.

A sensação de bem-estar que mulheres e vinho
proporcionam ao homem, leva os tolos à perdição,
e os sábios à iluminação.

Para chegar ao fim de uma tarefa, é preciso trabalhar;
desejar não leva a nada...
Ou será que as gazelas saltam para a goela do leão
enquanto ele está dormindo?

Onde começa uma tarefa com empenho,
superando a preguiça e a indolência,
onde a inteligência se alia à disposição para o trabalho,
lá mora a felicidade, e lá permanecerá.

Nunca fazer pactos com quem não dá valor à justiça e à
(verdade)
pois logo nos trairá, a despeito de todos os juramentos
(feitos)
Pois escuta e guarda a máxima que resume todas as regras
(de conduta)

Nunca faças aos outros o que não gostarias que te (fizessem).

Quem escolhe para amigo um inimigo superior em forças,

certamente toma veneno pelas próprias mãos.

Raiva provocada por motivo determinado
acaba quando o motivo desaparece;
mas a raiva que domina o coração sem motivo,
esta nada consegue dissipar.

É o conhecimento que nos dá visão, não o olho;
é a virtude que enobrece, não o nascimento nobre!
Moderação é a verdadeira riqueza,
ser sábio é desistir do inatingível! (p. 59-60)

Essas citações evidenciam a beleza, a complexidade e a profundidade da literatura sagrada da Índia, corroborando a ideia da religião como civilizadora. A literatura sagrada de uma religião ajuda nesse processo, a partir do momento em que proporciona aos homens questionamentos do tipo: Como posso relacionar-me com Deus se sou incapaz de me aproximar do meu semelhante e de mim mesmo? O processo de autoconhecimento dos indivíduos é de fundamental importância para a vida no grupo social.

2.4 Budismo

Logo após a morte de Sidarta Gautama (566-486 a.C.), o primeiro Buda, seus discípulos organizaram o primeiro Concílio Budista (em 486 a.C.), com o objetivo de confirmar e preservar seus ensinamentos. Esse concílio estabeleceu regras para a memorização e a recitação, que permitiriam a transmissão oral dos ensinamentos por quase cinco séculos antes de eles serem escritos.

Devido a essa antiga prática da transmissão oral, o budismo não tem somente um cânone de escritos. Escolas e tradições diferentes consideram corretas diversas compilações de textos, que representam as várias formas de compreensão do darma ou *dharma* (variantes do páli e do sânscrito, língua usada na escrita da literatura religiosa) ao longo das eras. O cânone páli, da tradição theravada – *caminho dos anciãos*, a mais antiga escola –, contém um grande conteúdo dos primórdios da tradição oral, junto com textos possivelmente compostos no século II a.C. Os cânones chinês e tibetano incluem extenso acervo de literatura mahayana de meados do século XII d.C. Mesmo quando um cânone está concluído (como o cânone páli), seu conteúdo pode existir em versões diferentes. Por exemplo, algumas versões em birmanês do cânone páli não são canônicas para os budistas do Sri Lanka.

O canône budista divide-se em três grupos de textos, denominados *Triplo cesto de flores*:

- O cesto de flores do *Vinaya*, ou *disciplina monástica*, reúne o conjunto das regras disciplinares que os membros da comunidade budista devem seguir e cuja transgressão deve ser objeto de uma confissão ou de uma penitência. Cada uma das regras está embasada num caso específico e é atribuída ao próprio Buda.
- O cesto de flores do *Sutta-Pitaka*, por sua vez, agrupa os ensinamentos do próprio Buda tais como são relatados por Ananda, um dos primeiros discípulos de Buda. Cada qual pronunciado em lugares determinados e para determinado público, sendo que um *sutta* (do sânscrito *sútra*, fio) desfia as palavras de Buda como num rosário de pérolas com lógica interna. Esse cesto de flores está, por sua vez, dividido em subgrupos. Os primeiros quatro,

chamados *nikâya* (*corpus*) em páli e *ágama* (*instrução*) em sânscrito, remontam, sem dúvida, apesar das divergências de redação, a uma Antiguidade; são o que há de mais próximo do ensino real do Buda histórico.

- O cesto de flores do *Abhidharma-Pitaka* (em páli: *abhidamma),* ou elaboração sobre o ensino do Buda, remonta a textos do séc. II a.C., que tentam ordenar sistematicamente e categorizar as doutrinas de Buda. A palavra *abhidharma* é às vezes traduzida, de uma forma um pouco enganadora, por metafísica. Trata-se, na realidade, de uma ordenação escolástica do ensino do Buda com longos desenvolvimentos dialéticos. Apesar da sua pretensa canonicidade, os *Abhidharma* são produções de escola e só artificialmente se ligam ao Buda e aos seus discípulos contemporâneos.

Como se vê, a própria noção de *Triplo cesto de flores* é relativamente antiga, mas abrange realidades bastante diferentes e até, às vezes, incompatíveis.

Eis alguns fragmentos das escrituras sagradas do Budismo, extraídos do livro *Dhammapada:* caminho da Lei[56]:

YAMAKAVAGGA (*caminhos opostos*)

1. *Todas as coisas são precedidas pela mente, guiadas pela mente e criadas pela mente. Tudo o que somos hoje é resultado do que temos pensado. O que pensamos hoje é o que seremos amanhã; nossa vida é uma criação da nossa mente. Se um homem fala ou age com uma mente impura, o sofrimento o acompanha tão de perto como a roda segue a pata do boi que puxa o carro.*

2. *Tudo o que somos hoje é o resultado do que temos pensado. Se um homem fala ou age com a mente pura, a felicidade o acompanha como sua sombra inseparável.*
3. *Ele me insultou. Ele me maltratou. Ele me rebaixou. Ele me roubou. Os que abrigam tais pensamentos não se libertarão do ódio e do ressentimento.*
4. *Ele me insultou. Ele me maltratou. Ele me rebaixou. Ele me roubou. Não há ódio nem ressentimento para os que jamais dão guarida a tais pensamentos.*
5. *O ódio jamais é vencido pelo ódio. O ódio só se extingue com o amor; esta é uma lei eterna.*
6. *Muitos não sabem que estamos neste mundo para viver em harmonia, esquecendo-se de que morrerão um dia. Para os que meditam nisso, não há divergências e a vida se torna mais branda.*
7. *Aquele que vive somente à procura de prazeres, ocioso, descontrolado nos sentidos, intemperante na alimentação, é dominado por Mâra (tentação), como as árvores fracas são derrubadas por uma ventania.*
8. *Quem vive com os sentidos bem controlados, sem procurar prazeres, se alimenta com moderação, tem confiança no poder da virtude, não será iludido por Mâra, como uma rocha não é abalada por um vendaval.*
9. *Indigno é de usar o hábito amarelo aquele que de suas impurezas não se libertou, que não é sincero e que não alcançou o domínio de si mesmo.*
10. *Mas quem se purificou, controlou os sentidos e firme na virtude permanece, este é de fato digno de usar o hábito amarelo.*

11. *Aquele que confunde o Real com o irreal (ilusão) e o irreal com o Real, nunca alcançará a Verdade, perde-se no caminho das ideias errôneas.*
12. *Mas quem reconhece o Real como Real e a ilusão como ilusão com segurança alcançará a Verdade.*
13. *Da mesma maneira que a chuva penetra na casa mal coberta de palha, as paixões invadem a mente mal vigiada.*
14. *Da mesma forma que a chuva não penetra na casa bem coberta de palha, as paixões não invadem a mente bem vigiada.*
15. *O insensato, que age de modo errôneo, sofre neste mundo e no seguinte. Em ambos ele se aflige e se lamenta ao recolher os maus resultados de suas ações impuras.*
16. *O homem virtuoso, que age bem, é feliz neste e no mundo seguinte; em ambos ele é feliz. Ele se alegra e se rejubila ao recolher os bons resultados de suas ações.*
17. *Neste mundo, como no seguinte, sofre o insensato; sofre nos dois. Persegue-o o fruto do mal praticado e seu infortúnio aumenta à medida que avança nas esferas do mal.*
18. *Neste mundo, como no seguinte, o homem virtuoso se rejubila; é feliz em ambos os estados. Reconforta-o o bem realizado. Maior ainda se torna sua alegria à medida que avança nas esferas da beatitude.*
19. *Falar muito e recitar os textos sagrados, mas não agir consoante a eles, este incauto assemelha-se a um vaqueiro que só conta o gado alheio. Não é discípulo do Bem-aventurado.*
20. *Falar e recitar pouco os textos sagrados, mas praticá-los, libertando-se da cobiça, da ira e de toda ilusão com verdadeira Sabedoria,*

com a mente livre dos vínculos deste mundo ou de outro qualquer, na verdade, este homem participa da vida santa! (p. 19-21)

JARAVAGGA *(velhice)*

1. *Que prazer, que alegria pode haver no mundo, quando tudo em volta está devastado pelos tormentos? Envolto em trevas, não buscarás a luz?*
2. *Observe este corpo! Algumas vezes enfermo, sofredor e cheio de vãos desejos. Nunca permanente, mudando sempre.*
3. *A idade consome este frágil corpo, ninho de doenças e decrepitude, que a decomposição por fim desagrega. Atrás da vida esconde-se a morte.*
4. *Como ficar alegre, olhando esses ossos secos e esbranquiçados, dispersos como cucúrbitas secas no outono?*
5. *Nesta estrutura toda de ossos recobertos de carne e sangue habitam o orgulho, o ciúme, a hipocrisia, a decadência e a morte.*
6. *Os pomposos carros reais desgastam-se e são destruídos pelo uso, assim como o nosso corpo pela idade; mas os ensinamentos dos sábios perduram, passando de um para outro, e jamais se extinguem.*
7. *O homem que não procura aprender envelhece à maneira do boi; aumenta de peso, mas não de sabedoria.*
8. *Muitos nascimentos atravessei no ciclo das vidas e das mortes; em vão procurei o arquiteto da casa (da vida e da morte). Que miséria, nascer e renascer sem fim!*
9. *Conheço-te agora, ó arquiteto (desejos), e não mais construirás a casa. Quebradas estão as vigas (paixões) e desabou a cumeeira*

(destruída a ignorância). Livre está a minha mente, pois cheguei à extinção dos desejos, ao imortal Nirvana!

10. *Aqueles que não levaram uma vida pura, disciplinada, que na juventude não recolheram as riquezas dos ensinamentos, perecem como velhas garças tristes às margens de um lago sem peixes.*
11. *Os que não observaram a conduta conveniente e não recolheram, na juventude, as riquezas do saber, mais tarde são como arcos quebrados – só lhes resta lamentar as forças perdidas.* (p. 34)

ATTADANA SUTTA *(sermão do "punho cerrado")*

A violência enche o mundo de medo. E como é imensa a violência que existe por toda a parte! Eu vos descreverei toda a infelicidade e a desdita a que assisti.

Vi homens debatendo-se como os peixes de um lago que está secando, atrapalhando-se uns aos outros. Oprimido pelo horror, vergou-se-me o corpo.

Percebi que o mundo todo carece de substância e que a desintegração é a regra.

E foi em vão que procurei algo permanente, onde me pudesse refugiar.

A Humanidade parecia destinada à luta, até que percebi como que uma farpa a minar o coração do homem.

Assim minado, prossegue o homem em sua louca senda de dor, mas, se a farpa for extraída, então ele se acalma e conhece a paz.

Seguem-se, então, os ensinamentos: — Libertai vossas vidas do laço do mundo, vencei os desejos, empenhai-vos por alcançar o Nirvana.

O sábio tranquilo ama a verdade, é modesto, jamais se mostra arrogante ou intolerante, e se abstém tanto da calúnia, quanto da cobiça.

O homem que decidiu dirigir seu coração rumo ao Nirvana precisa despertar e pôr fim à apatia e à indolência; ele tem que deixar de lado a vaidade.

Tem ele que renunciar à mentira e aos objetos dos sentidos e, pelo fato de ver apenas tolice no orgulho, abstém-se de toda e qualquer forma de violência.

Não deve valorizar o que é velho, como também não se deve deixar fascinar pelo que é novo.

Não se deve afligir pelo que perdeu, nem deve ansiar pelo que não atingiu.

O desejo é como a enchente e o aluvião; a cobiça é como o entulho, e a sensualidade é como um atoleiro.

O sábio tranquilo firma-se na verdade e, tendo-se libertado de tudo, chega a conhecer a paz.

Sábio é o penetrado pela Doutrina-Dhamma; a partir de então, prossegue ele seu caminho independente, a ninguém invejando.

Grande é a vitória de quem consegue dominar a luxúria, pois está acima do desejo e ultrapassa a dor da ânsia.

Transcendei vosso passado sombrio e, por compreensão, não admitais nenhuma nova imperfeição; prossegui, assim, em paz, a vossa jornada.

Quem nunca pensa em termos de posse não sente falta de coisa alguma; uma pessoa assim jamais é afligida pelo sentimento de perda.

Quem nunca pensa em termos de "isso é meu", "aquilo é dele" jamais se sentirá prejudicado.

Não sendo ciumento, nem sujeito à cobiça, antes, sendo liberto do desejo, inalterável quaisquer que sejam as circunstâncias, nisto consiste a sua nobreza.

Quando o pensamento é livre de impurezas, a ação não visa resultados favoráveis, nem resultados desfavoráveis. O homem torna-se tranquilo.

O sábio tranquilo não estabelece comparações entre si e os demais. Nada desejando, cheio de serenidade, ele é incomparável; nada tem a ganhar, nem a perder. (p. 83-85)

O budismo é uma religião que nasceu da preocupação em tentar compreender o sofrimento e, consequentemente, orientar o homem a saber conviver e superar essa realidade. Os fragmentos da sua literatura religiosa aqui apresentados confirmam essa preocupação.

2.5 CRISTIANISMO

A *BÍBLIA* É O LIVRO sagrado dos cristãos, que acreditam ser ela uma revelação de Deus aos homens. A palavra *bíblia* provém do grego e significa "coleção de livros ou biblioteca". A *Bíblia* cristã está dividida em *Antigo Testamento* (AT) e *Novo Testamento* (NT). Composto de 39 livros, o AT representa o primeiro testamento (aliança) que Deus fez com a humanidade, segundo o cânone hebraico, aceito em geral pelas igrejas protestantes. Já o cânone alexandrino, aceito pela igreja romana, é composto de 45 livros. O NT apresenta a aliança feita por intermédio de Jesus Cristo, na qual se cumprem as promessas de Deus à humanidade. É composto de 27 livros, organizados canonicamente: primeiro têm-se os **Evangelhos** – *Mateus*, *Marcos* e *Lucas*, conhecidos como sinóticos, por serem transcritos em colunas paralelas e oferecerem uma sinopse das narrativas da vida de Jesus, apresentando muitas semelhanças de forma e conteúdo, além do evangelho de *João*. Em seguida, vêm os **Atos dos Apóstolos** e, logo depois, vinte e uma cartas – **Epístolas** – dos apóstolos. São Paulo escreveu 14 cartas, sendo uma aos Romanos, duas à comunidade de Coríntios, uma aos Gálatas, Efésios, Filipenses e Colossenses, duas aos Tessalonicenses, duas a Timóteo, uma a Tito, Filemon e Hebreus, as **Cartas Católicas**. Tiago escreveu uma, Pedro duas, João três e Judas uma. O NT termina com um livro profético, que é o *Apocalipse*, escrito por João, o qual contém a revelação de Jesus Cristo dirigida às igrejas ameaçadas da Ásia Menor. João utiliza-se de imagens e símbolos para passar uma mensagem de esperança às igrejas seriamente perseguidas.

O gênero literário da epístola, ou carta, é um elemento importante nos textos que constituem o NT. Embora os Evangelhos sejam narrativas referentes aos acontecimentos da vida e dos ensinamentos de Jesus, as cartas são comunicações públicas dirigidas às novas comunidades de convertidos (quatro são dirigidas a indivíduos). Elas eram efetivamente um meio de levar adiante a atividade missionária. Por isso, empregavam, frequentemente, o estilo retórico da época e eram lidas em voz alta nos sermões. Devido ao conhecimento em geral dos textos cristãos em nossa cultura, abstemo-nos aqui de apresentar fragmentos.

2.6 JUDAÍSMO

O TEXTO SAGRADO DO JUDAÍSMO é chamado de *Torá*, palavra que frequentemente é sinônimo de *Lei*, mas que, nas suas origens, significa "ensinamentos" ou "instrução". A *Torá* regula a vida do judeu a cada momento, conferindo um sentido à sua existência. O termo *torá* é frequentemente usado para referir-se à *Bíblia* como um todo, que é constituída de três partes: a primeira é o *Pentateuco*, formado pelos livros *Gênesis*, *Êxodo*, *Levítico*, *Números* e *Deuteronômio*. Estes livros narram as origens do mundo, dos ancestrais de Israel, da escravidão dos judeus no Egito, da libertação desse cativeiro, da entrega do decálogo a Moisés, da travessia do deserto a caminho da terra prometida e do estabelecimento do povo de Israel na terra prometida. A segunda parte relaciona-se aos Profetas (*Nebiim*) e contém os livros de *Josué*, *Juízes*, *Samuel*, *Reis*, *Isaías*, *Jeremias*, *Ezequiel* e os doze profetas considerados menores – *Oséias*, *Joel*, *Amós*, *Abdias*, *Jonas*, *Miquéias*, *Naum*, *Habacuc*, *Sofonias*, *Ageu*, *Zacarias* e *Malaquias*. A terceira parte é constituída de 11 livros chamados de *Escritos* (*Ketubim*) ou *Hagiographa* – esta parte contém os livros dos *Salmos*, *Provérbios*, *Jó*, *Cântico dos cânticos*, *Rute*, *Lamentações*, *Eclesiastes*, *Ester*, *Daniel*, *Esdra-Neemias* e *Crônicas*.

Outro termo atribuído à bíblia judaica é *Tanak*, termo derivado das iniciais de *Torá*, *Nebiim* e *Ketubim*.

Muitas das obras de interpretação religiosa posteriores à *Torá* e ao *Talmude* adquiriram *status* semicanônico no judaísmo. *Talmude* é o *corpus Juris*, o código básico da lei civil e canônica do judaísmo pós-bíblico. A palavra *talmude* é uma derivação da raiz hebraica *lamod* (estudo), e uma abreviatura de *Talmud Torá* (estudo da *Torá*). Um dos mais antigos entre esses textos é, na verdade, uma tradução da Bíblia para o aramaico conhecida como *Targum*, que significa *tradução, comentário da Torá*, em aramaico. Um *Targum* pode ser bem literal, como os de *onkelos*, ou pode incluir quantidade considerável de *midrash*, como o *Targum Shemi* do livro de *Ester*. As traduções da *Torá* eram feitas originalmente linha a linha por tradutores profissionais, à medida que se lia o *Pentateuco* na sinagoga. Fazia-se assim para permitir que os judeus falantes do aramaico, que não entendiam o hebraico, compreendessem o texto.

A interpretação judaica tradicional normalmente está de acordo com o método erudito conhecido como *Midrash*, que significa "interpretação" ou "investigação". Designa a exegese bíblica baseada no método de Drash, análise minuciosa e microscópica do texto, verso por verso e, às vezes, letra por letra.

A *Midrash-Halahá* se aplicava tanto a textos jurídico-religiosos como folclóricos ou históricos, a fim de extrair percepções legais, jurídico-religiosas. Ela reúne os estatutos da oração oral, enriquecidos pelas discussões das escolas da Palestina e da Babilônia, para alcançar as fórmulas definitivas da Lei. A *Midrash-Hagadá*, a interpretação não-jurídica do texto bíblico, ensinada por meio de lendas, alegorias, reflexões de moral e reminiscências históricas, é a mais apreciada e acessível a todos. O texto do *Talmude* contém essas duas abordagens que ainda hoje são empregadas na reelaboração da tradição para uma nova época.

O *Talmude* consiste de duas obras pertencentes a duas épocas distintas: a *Mishná* – o texto fundamental escrito em hebraico – e a *Guemara*, que é o seu comentário e interpretação, escrito em aramaico, e contém os trabalhos intelectuais, opiniões e ensinamentos dos antigos sábios judeus, expondo e desenvolvendo as leis religiosas e civis da *Bíblia*, abrangendo um período de cerca de oito séculos. O *Talmude* foi redigido numa versão palestina (*Jerushalmi*, literalmente, *de Jerusalém*) no ano 400 da nossa era, e numa versão babilônia mais autorizada (*Bayli*), cerca de 100 anos depois. As duas versões refletem diferenças entre as condições sociais e os pontos de vista das comunidades da Palestina e da Babilônia. As leis agrícolas, relevantes para os agricultores judeus da Palestina, ocupam lugar proeminente no *Talmude* palestino. O da Babilônia reflete a cultura local, por isso o desenvolvimento de demonologia em seu texto.

Ao longo dos séculos, a exposição dos aspectos legais da tradição judaica gerou uma ampla literatura de comentários, acrescentando complemetações aos comentários sobre os textos tradicionais. Houve também tentativas de codificar as tradições legais judaicas. Desses códigos de leis, os mais famosos e influentes foram a *Mishná Torá* (*Cópia da Torá*), de Maimônides, e o *Shulhan Arukh* (*Mesa Posta*), de Joseph Caro (1488-1575). Maimônides e Caro organizaram a prática judaica por assunto e, assim, podem ser usados como ferramentas de referência. Na verdade, cobrem todos os aspectos da vida a partir de uma perspectiva judaica.

Maurice-Ruben Hayoun, no livro *As grandes religiões do mundo*[26], no capítulo sobre o judaísmo, nos apresenta uma síntese que torna mais compreensível a complexidade exegética dos textos judaicos:

Os grandes textos da Tradição

Midrash *(do verbo «li-derosh»: «interpretar»,«fazer a exegese»). O Midrash designa a exegese homilética, isto é, a dos doutores do Talmude. O Midrash, por assim dizer, vai dos séculos IV-V até o século XII, data da compilação final do último Midrash do Iémen.*

Mishna *(do verbo «li-shenot»: «repetir, estudar ou elaborar uma doutrina»). Mishna quer verdadeiramente dizer* doutrina *na literatura rabínica. No Talmude, a Mishna constitui o lema, isto é, a passagem a interpretar.*

Talmud *(do verbo «li-lemod»: «aprender, estudar»). O Talmude é o que se aprende e se estuda. Na religião judaica, o Talmude, ou a literatura talmúdica, tornou-se o equivalente de toda a tradição oral. Uma página de Talmude apresenta-se da maneira seguinte. É comentada,*

> *geralmente em aramaico, pelos rabinos, uma parte da Mishna. Esta parte interpretativa propriamente dita chama-se a Gemara, por oposição à Mishna. A junção de ambas dá bem a noção do Talmude neste sentido preciso. Num sentido mais amplo, o Talmude é o* **estudo** *rigoroso da Tora. O Talmude da Babilônia foi encerrado em 500 a.C.*
> ***Torah*** *(de le-horot, «ensino»). A Torá é, pois, o ensino. No estrito sentido religioso, são os vinte e quatro livros do cânone judaico. A Torá pode designar também apenas o Pentateuco. Existe uma Torá escrita e uma Torá oral, a que foi depositada no conjunto do Talmude e do Midrash.* (p. 208). [grifo nosso].

No judaísmo, por ser uma tradição religiosa que historicamente já passou pelo processo de institucionalização, observamos na organização da sua literatura religiosa a preocupação com o zelo pelo conhecimento produzido pela tradição e a sua importância no processo de civilização dos seus fiéis.

2.7 Islamismo

A palavra Corão provém do verbo árabe *quran*, que significa "recitar". Depois do primeiro capítulo, o *Corão* compõe-se de cento e catorze capítulos conhecidos como *suratas* (ou *suras*), cada um deles com um número e um título, sendo este normalmente uma palavra ou frase do início da *surata*, por exemplo: *surata* 2, *Al-Baqara* ("A vaca"). Esses capítulos estão ordenados de acordo com o seu tamanho, com o mais longo no princípio e o mais curto no fim. Não estão dispostos cronologicamente, nem sequer por temas; são antes uma coleção formada de textos escritos em vários períodos da vida de Maomé (Muhammad). De acordo com a tradição, a obra atingiu sua forma escrita atual durante o califado de Uthman (644-656), que ordenou a um grupo de respeitados muçulmanos a criação de uma versão definitiva do texto.

Eis alguns fragmentos da escritura sagrada do Islamismo, retirado do *Corão Sagrado*[2]:

4ª SURATA: AN NISSÁ (AS MULHERES)

revelada em Madina – 176 versículos
Em nome de Allah, o Clemente, o Misericordioso.

1. *Ó humanos, temei a vosso Senhor, que vos criou de um só ser, do qual criou a sua companheira e, de ambos, fez descender inúmeros homens e mulheres.Temei a Allah, em nome do Qual exigis os vossos direitos mútuos e reverenciai os laços de parentesco, porque Allah é vosso Observador.*
2. *Concedei aos órfãos os seus patrimônios; não lhes substituais o bom pelo mau, nem absorvais os seus bens com os vossos, porque isso é um grave delito.*
3. *Se temerdes ser injustos no trato com os órfãos, podereis desposar duas, três ou quatro das que vos aprouver, entre as mulheres. Mas, se temerdes não poder ser equitativos para com elas, casai, então, com uma só, ou conformai-vos com as que as vossas mãos direitas possuem. Isso é o mais adequado, para evitar que cometais injustiças.*
4. *Concedei os dotes que pertencem às mulheres como presente e, se for da vontade delas conceder-vos algo, desfrutai-o com bom proveito.*
5. *Não entregueis aos tolos o vosso patrimônio, cujo manejo Allah vos confiou, mas mantende-os, vesti-os e dirigi-vos a eles com benevolência.*

6. *Testai os órfãos, até que cheguem a idades de se casarem. Se porventura observardes amadurecimento neles, entregai-lhes, então, os seus patrimônios; porém, abstende-vos de consumi-los desperdiçada e apressadamente, (temendo) que alcancem a maioridade. Quem for rico, que se abstenha de usá-los; mas, quem for pobre, que disponha deles com moderação. E quando lhes entregardes seus bens, fazei-o perante testemunhas, pois basta Allah por Julgador.*
7. *Aos filhos varões corresponde uma parte do que tenham deixado os seus pais e parentes. Às mulheres também corresponde uma parte do que tenham deixado os pais e parentes, quer seja pouca ou muita – uma quantia obrigatória.*
8. *Quando os parentes (que não herdeiros diretos), os órfãos e os necessitados estiverem presentes, na partilha da herança, concedei-lhes algo dela e tratai-os humanamente, dirigindo-vos a eles com bondade.*
9. *Que (os que estão fazendo a partilha) tenham o mesmo temor em suas mentes, como se fossem deixar descendentes desamparados atrás de si, e temem por eles. Que temam a Allah e digam palavras apropriadas.*
10. *Porque aqueles que consomem o patrimônio dos órfãos injustamente, introduzirão fogo em suas entranhas e entrarão no Fogo Abrasador.*
11. *Allah vos prescreve acerca da herança dos vossos filhos: Dai ao varão a parte de duas filhas; se apenas houver filhas, e estas forem mais de duas, corresponder-lhes-á dois terços do legado; e, se*

houver apenas uma, esta receberá a metade. Quanto aos pais do falecido, a cada um caberá a sexta parte do legado, se ele deixar um filho; porém, se não deixar prole, e a seus pais corresponder a herança, à mãe caberá um terço; mas se o falecido tiver irmãos, corresponderá à mãe um sexto, depois de pagas as legações que tenha feito e dívidas. É certo que vós ignorais quais sejam os que estão mais próximos de vós, quanto ao benefício, quer sejam vossos pais ou vossos filhos. Isto é uma prescrição de Allah, porque Ele é Sapiente, Prudentíssimo.

12. *De tudo quanto deixarem as vossas esposas, corresponder-vos-á a metade, desde que elas não tenham tido prole; porém, se a tiverem, só vos corresponderá a quarta parte, depois de pagas as legações que tenha feito e dívidas. Caberá a elas a quarta parte de tudo quanto deixardes, se não tiverdes prole; porém, se a tiverdes, só lhes corresponderá a oitava parte de tudo quanto deixardes, depois de pagas as legações que tenha feito e dívidas. Se um falecido, homem ou mulher, em estado de Kalala, deixar herança e tiver um irmão ou uma irmã, receberá, cada um deles, a sexta parte; porém, se forem mais, co-herdarão a terça parte, depois de pagas as legações que tenha feito e dívidas, sem prejudicar ninguém. Isto é uma prescrição de Allah, porque Ele é Tolerante, Sapientíssimo.*
13. *Tais são os preceitos de Allah. Àqueles que obedecerem a Allah e ao Seu Mensageiro, Ele os introduzirá em jardins, abaixo dos quais correm os rios, onde morarão eternamente. Tal será o magnífico benefício.*
14. *Ao contrário, quem desobedecer a Allah e ao Seu Mensageiro, profanando os Seus preceitos, Ele o introduzirá no Fogo Infernal, onde permanecerá eternamente, e sofrerá um castigo humilhante.*

15. *Quanto àquelas, dentre vossas mulheres, que tenham incorrido em adultério,apelai para quatro testemunhas, dentre os vossos e, se estas o confirmarem, confinai-as em suas casas, até que lhes chegue a morte ou que Allah lhes trace um novo destino.*

16. *E àqueles, dentre vós, que cometerem adultério (homens e mulheres), puni-os; porém, caso se arrependam e se corrijam, deixai-os tranquilos, porque Allah é Remissório, Misericordioso.*

17. *O perdão de Allah recai apenas sobre aqueles que cometem um mal, por ignorância, e logo se arrependem. A esses, Allah absolve, porque é Sapiente, Prudentíssimo.*

18. *O perdão não alcançará aqueles que cometem o mal até à aproximação da hora da morte alcance algum deles e, nessa hora, diga: Agora me arrependo. E tampouco alcançará os que morrerem na incredulidade, pois para eles destinamos um doloroso castigo.*

19. *Ó crentes, não vos é permitido herdardes as mulheres, contra a vontade delas nem as atormentardes, com o fim de vos apoderardes de uma parte daquilo com que as tenhais dotado, a menos que elas tenham cometido comprovada obscenidade. E harmonizai-vos com elas, pois se vos antipatizardes com elas, podereis estar antipatizando com algo que Allah dotou de muitas virtudes.*

20. *Se desejardes trocar de esposa, tendo-lhe dado um quintal, não lho diminuais em nada. Tomá-lo-íeis de volta, com a falsa imputação e um delito flagrante?*

21. *E como podeis tomá-lo de volta depois de haverdes convivido com elas íntima e mutuamente, se elas tiveram, de vós, um compromisso solene?*

22. *Não vos caseis com as mulheres que desposaram os vossos pais – salvo fato consumado (anteriormente) – porque é uma obscenidade, uma abominação e um péssimo exemplo.*

23. *Está-vos vedado casar com: vossas mães, vossas filhas, vossas irmãs, vossas tias paternas e maternas, vossas sobrinhas, vossas nutrizes, vossas irmãs de leite, vossas sogras, vossas enteadas que estão sob vossa tutela – filhas das mulheres com quem tenhais coabitado; porém, se não houverdes tido relações com as mães, não sereis recriminados por desposá-las. Também vos está vedado casar com as vossas noras, esposas dos vossos filhos carnais, bem como unir-vos, em matrimonio, com duas irmãs – salvo fato consumado (anteriormente)–; sabei que Allah é Indulgente, Misericordioso.*

24. *Também vos está vedado desposar as mulheres casadas, salvo as que tendes à mão. Tal é a lei que Allah vos impõe. Porém, fora do mencionado, está-vos permitido procurar, munidos de vossos bens, esposas castas e não licenciosas. Dotai convenientemente aquelas com quem casardes, porque é um dever; contudo, não sereis recriminados, se fizerdes ou receberdes concessões, fora do que prescreve a lei. Certamente, Allah é Sapiente, Prudentíssimo.*

25. *E quem, dentre vós, não possuir recursos suficientes para casar-se com as crentes livres, poderá fazê-lo com uma crente, dentre vossas cativas crentes, porque Allah é Quem melhor conhece a vossa fé – procedeis uns dos outros; casai com elas, com a permissão dos seus amos, e dotai-as convenientemente, desde que sejam castas, não licenciosas e não tenham amantes. Contudo, uma vez casadas, se incorrerem em adultério, sofrerão só a metade do castigo que*

corresponder às livres; isso, para quem de vós temer cair em pecado. Mas se fordes pacientes, será melhor para vós; sabei que Allah é Indulgente, Misericordioso.

26. *Allah tenciona elucidar-vos os Seus preceitos, iluminar-vos, segundo as tradições dos vossos antepassados, e absolver-vos, porque é Sapiente, Prudentíssimo.*
27. *Allah deseja absolver-vos; porém, os que seguem os desejos vãos anseiam por vos desviar profundamente.*
28. *E Allah deseja aliviar-vos o fardo, porque o homem foi criado débil.*
29. *Ó crentes, não consumais reciprocamente os vossos bens, ilegalmente; que haja comércio de mútuo consentimento e não cometais suicídio, porque Allah é Misericordioso para convosco.*
30. *Aquele que tal fizer, perversa e iniquamente, introduzi-lo-emos no Fogo Infernal porque isso é fácil a Allah.*
31. *Se evitardes os grandes pecados, que vos estão proibidos, absolver-vos-emos das vossas faltas e vos proporcionaremos digna entrada (no Paraíso).*
32. *Não ambicioneis aquilo com que Allah agraciou uns, mais do que aquilo com que (agraciou) outros. Aos homens corresponderá uma parte, de acordo com o que ganharem; assim, também às mulheres corresponderá uma parte, de acordo com o que ganharem. Rogai a Allah que vos conceda a Sua graça, porque Allah é Onisciente.*
33. *A cada qual instituímos a herança de uma parte do que tenham deixado seus pais e parentes. Quanto àqueles com quem estabelecestes um solene compromisso, dai-lhes a sua parte, o seu quinhão,*

porque Allah é testemunha de tudo.

34. *Os homens são os protetores das mulheres, porque Allah dotou uns com mais (força) do que as outras, e porque as sustentam do seu pecúlio. As boas esposas são as devotas, que guardam, na ausência (do marido), o que Allah ordenou que fosse guardado. Quanto àquelas de quem constatais rebeldia, admoestai-as (na primeira vez), abandonai os seus leitos (na segunda vez) e castigai-as (na terceira vez); porém, se vos obedecerem, não procureis meios (escusos) contra elas. Sabei que Allah é Excelso, Magnânimo.*

35. *E se temerdes desacordo entre ambos (esposo e esposa), apelai para um árbitro da família dele com outro da dela. Se ambos desejarem reconciliar-se, Allah os reconciliará, porque é Sapiente, Inteiradíssimo.*

36. *Adorai a Allah e não Lhe atribuais parceiros.Tratai com benevolência os vossos pais e parentes, os órfãos, os necessitados, o vizinho próximo, o vizinho estranho, o companheiro de lado, o viajante e os vossos servos, porque Allah não estima arrogante e pretencioso algum,*

37. *Que são avarentos e recomendam aos demais a avareza, e ocultam o que Allah lhes concedeu da Sua graça. Em verdade, destinamos um castigo humilhante para os incrédulos;*

38. *(Tampouco Allah aprecia) os que distribuem ostensivamente os seus bens, e não creem em Allah, nem no Dia do Juízo Final. Aquele que tiver Satanás por companheiro, que péssimo companheiro é!*

39. *Que teriam eles a temer, se cressem em Allah e no Dia do Juízo Final, e fizessem caridade com aquilo com que Allah os agraciou, uma vez que Allah bem os conhece?*
40. *Allah não frustrará ninguém, nem mesmo no equivalente ao peso de um átomo; por outra, multiplicará toda a boa ação e concederá, de Sua parte, uma magnífica recompensa.*
41. *Que será deles, quando apresentarmos uma testemunha de cada nação e te designarmos (ó Mohammad) testemunha contra eles?*
42. *Nesse dia, os incrédulos, que tiverem desobedecido o Mensageiro, ansiarão para que sejam nivelados com a terra; saibam que nada podem ocultar de Allah.* (p. 104-115)

O islamismo teve um papel fundamental na organização social do mundo árabe, contribuindo com normas, valores e fundamentos para a vida em grupo, o que é facilmente percebido em sua escritura sagrada.

As tradições religiosas têm como função maior contribuir no processo de civilização dos homens, afastando-os paulatinamente da barbárie. O conhecimento produzido por elas está todo fundamentado nos textos sagrados, que são verdadeiros manuais de vida.

Síntese

A partir do momento em que o homem inventou a palavra escrita, a sua vida teve saltos de qualidade, com a criação e transmissão de leis, valores, saberes e tecnologias que amenizaram a "dureza" da sua existência. As tradições religiosas transformaram o seu conhecimento em texto sagrado, em que todo esse conhecimento produzido se fundamenta. As escrituras sagradas revelam em seu conteúdo uma beleza literária e uma preocupação em orientar os fiéis na sua caminhada de humanização, como foi demonstrado nos pequenos trechos de textos sagrados de algumas tradições.

Atividades de autoavaliação

Nas questões a seguir, marque as sentenças com verdadeiro (V) ou falso (F). Depois, assinale a alternativa que apresenta a sequência correta:

1 Referente aos textos sagrados, é correto dizer:

( ) O texto escrito é a base da doutrina, dos ritos, da moral etc. da tradição religiosa.

( ) O texto sagrado tem a função de manter vivos os sonhos e esperanças dos fiéis ao longo de sua existência.

( ) O mito é a primeira forma de conhecimento adotado pela humanidade, mas, no que tange aos textos sagrados, eles não têm muita relação, pois o conhecimento exercido no interior das tradições religiosas é diferente dos mitos.

( ) A oralidade é a gênesis dos textos sagrados.

A) F, F, V, V

B) V, F, V, F

C) V, V, F, V

D) V, V, F, F

2 Sobre os mitos, podemos afirmar:

( ) A ciência tem suas bases de conhecimento a partir do saber dos mitos.

( ) Cosmogonias são relatos racionais sobre a origem do mundo e sobre as causas das transformações e repetições das coisas.

( ) O mito é um discurso pronunciado para ouvintes que recebem a narrativa como verdadeira porque confiam naquele que narra, por causa da autoridade deste.

( ) Os mitos se estruturam em cosmogonias e teogonias.

A) F, F, V, V

B) V, F, V, V

C) V, V, F, V

D) V, V, F, F

3 Sobre as escrituras sagradas chinesas, podemos afirmar:

( ) Confúcio reconhecia o homem como um ser de liberdade.

( ) Confúcio dizia que o Tao fazia os humanos serem grandes.

( ) Obras escritas pelo mestre Confúcio: os *Anais da primavera e do outono*, o *Livro dos ritos* e o *Clássico da música*, comentários sobre o *I Ching* e *Os analectos*.

( ) A religião do taoismo tem uma vasta coleção de textos, com mais de mil obras e compreende tratados sobre temas diversos como: rituais, alquimia, exorcismo, vida de pessoas nobres e revelações.

A) V, F, F, V

B) V, F, V, V

C) V, V, F, V

D) V, V, F, F

4 Sobre as escrituras sagradas semitas (judaísmo, cristianismo e islamismo), podemos afirmar:

( ) A *Bíblia* católica é composta de 72 livros e a protestante, de 66.

( ) O texto sagrado do Judaísmo é a *Torá*, composto dos cinco primeiros livros da *Bíblia* cristã, chamado de *Pentateuco*.

( ) O *Talmude* da Palestina tem sua reflexão centrada na cultura local e na doutrina da demonologia.

( ) O *Corão* atingiu sua forma escrita atual durante o califado de Uthman (644-656), que ordenou a um grupo de respeitados muçulmanos a criação de uma versão definitiva. Compõe-se de 113 capítulos conhecidos como *suratas*.

A) V, F, F, V

B) V, F, F, F

C) V, V, F, V

D) V, V, F, F

5 Sobre as escrituras sagradas semitas (judaísmo, cristianismo e islamismo), podemos afirmar:

( ) Targum, que significa *tradução*, é o comentário da *Torá* em hebraico.

( ) A palavra *bíblia* provém do aramaico e significa “coleção de livros” ou “biblioteca”.

( ) Consta no *Corão*: "Quanto àquelas, dentre vossas mulheres, que tenham incorrido em adultério, apelai para quatro testemunhas, dentre os vossos e, se estas o confirmarem, confinai-as em suas casas, até que lhes chegue a morte ou que Allah lhes trace um novo destino."

( ) São Paulo escreveu 14 cartas.

A) V, F, F, V

B) F, F, V, V

C) V, V, F, V

D) V, V, F, F

Atividades de Aprendizagem

Questões para Reflexão

Elabore um texto em que as questões propostas a seguir façam parte da sua reflexão:

1 Qual é a importância das escrituras sagradas para as tradições religiosas?

2 Qual é a importância das escrituras sagradas no processo de humanização?

Atividade Aplicada: Prática

1 Entreviste pelo menos cinco pessoas com o objetivo de perceber a opinião delas sobre as escrituras sagradas das tradições religiosas não cristãs.

Três

Doutrina religiosa

A doutrina é o conjunto de conhecimentos que fundamentam a tradição religiosa. Todos os fundamentos da doutrina emanam do texto sagrado, podendo ser orais ou escritos. O uso da escrita possibilitou o surgimento das sagradas escrituras, que, por sua vez, propiciaram o surgimento da teologia, que tem a função de fixação doutrinal e definição dogmática. Ela faz a intermediação entre o exercício da razão e o exercício do poder. A doutrina religiosa tem a função de ser civilizadora da humanidade, por esclarecer muitas dúvidas, por dar aos homens um sentido de organização da vida, tanto individual como coletiva, e de criar normas e regras que facilitam a vida em comunidade.

3.1 Fundamentação

No primeiro capítulo, nos referimos ao processo de racionalização da religião, momento este que atinge a sua ordem máxima nos sistemas teológicos, ou seja, quando a doutrina é sitematizada e passa a ser o norte de toda a estrutura da tradição religiosa. A doutrina é definida como um conjunto de conhecimentos que fundamentam uma religião, um sistema religioso que é passado aos fiéis por meio do ensino, da pregação, das normas de conduta e da catequese. A doutrina é a tentativa de interpretação, atualização e esclarecimentos, que os teólogos fazem com o objetivo de tornar racionalmente compreensíveis os fundamentos da fé e de dialogar com a cultura. Os ensinamentos transmitidos por meio da catequese e da pregação são metodologias que a tradição utiliza para que a comunidade de fiéis se torne consciente da sua razão de ser e coloque em prática os fundamentos de fé que a sua tradição religiosa apresenta.

Partindo da análise do processo de racionalização da religião, podemos elaborar um esquema da sequência da racionalização da fé no interior da tradição religiosa. Inicialmente, ocorre o que cientistas da religião nomeiam de *experiência da divindade*, em que os fundamentos da fé são percebidos a partir da experiência mística de contato com o transcendente. Normalmente se trata de uma divindade, um ser superior, que se revela de alguma forma para um indivíduo ou grupo. Essa experiência é arrebatadora e agregadora, dela surge a tradição religiosa. Esses fundamentos, em um primeiro momento, são passados, absorvidos e refletidos pela comunidade de crentes na forma de oralidade. Posteriormente, é feita a codificação escrita, dando surgimento às escrituras sagradas.

Algumas tradições, mesmo depois do domínio da escrita, fazem a opção de continuar com seus textos sagrados na forma da oralidade. Nessas tradições religiosas, o aprendizado dos fundamentos da fé e o exercício de poder são bastante diferentes das tradições que possuem uma escritura sagrada. Destacaremos algumas características do texto sagrado na tradição oral, entre elas, a importância e a força da palavra – a palavra oral tem vida e alma. Os povos de tradição oral acham a palavra escrita desprovida de alma.

Por meio da nominação, o ser é identificado e lembrado a cada momento do seu papel e missão dentro do grupo. O nome pronunciado evoca o seu significado para o ser nominado. O verbo mantém viva a memória da comunidade, ele funciona como método mnemônico. Sempre há alguém que memoriza o texto e que possui a missão de narrá-lo às pessoas da comunidade. Essas pessoas, quando ouvem, exercitam a sua memória, lembrando e guardando os elementos que estruturam e orientam a comunidade. A música liga as pessoas a elas próprias, ao mundo e ao transcendente, e é também um dos elementos que utilizamos para não perdemos o contato com a natureza. Ela ajuda a vida a se tornar mais leve, mais compreensível e possível de ser vivida. A palavra é a energia que constitui todas as coisas.

Os livros sagrados constituem-se no primeiro grande esforço de organização dos fundamentos da fé, com o objetivo de conservá-la para as gerações posteriores, evitando deturpações dos fundamentos e definindo as regras que os fiéis irão observar. Além disso, garantem uma unidade (mais ou menos segura) para a comunidade – são instrumentos de grande importância para a administração destas, no sentido de manter uma coesão entre os pares. O texto escrito necessita de interpretação e atualização, tarefa que fica sob a responsabilidade dos especialistas, que em algumas tradições religiosas são chamados de *teólogos*.

A teologia tem a função de fixação doutrinal e definição dogmática, porque ela faz a intermediação entre o exercício da razão e o exercício do poder. Compete-lhe aprofundar, refletir, atualizar-se no tempo histórico e zelar pela autenticidade dos fundamentos de fé da tradição, evitando, na medida do possível, disputas de poder, tanto no nível político como no doutrinário. A legitimidade da teologia não vem de seus dons e de sua autoridade, mas de sua capacidade racional de interpretar e transmitir o sentido do texto. Desses atos é que se forma a doutrina, que uniformiza e normatiza os conteúdos escritos para a vivência da comunidade.

A interpretação oficial dos textos sagrados, feita pelos especialistas, irá manter a pureza e a unidade da doutrina. A ortodoxia faz surgir as autoridades da fé que se legitimam não somente pela coerência racional dos seus ensinamentos, mas também pela autoridade de que são revestidas como intérpretes. A doutrina é uma sistematização da fé com o objetivo teórico e prático de proteger a tradição, de dar clareza aos ensinamentos catequéticos e orientação moral para a comunidade religiosa.

A teologia aparece no universo das tradições religiosas como um esforço para conferir coerência e fundamentação à experiência escrita e à própria tradição religiosa. A teologia fundamenta-se na razão lógica, argumentativa e demonstrativa. Ela tem uma função sistematizadora, pois busca dar coerência para o conjunto de conteúdos de verdades da tradição religiosa e de aplicar estes conteúdos nas várias realidades – sociais, políticas, econômicas, ideológicas... na qual a tradição está inserida. A racionalização teológica dá origem aos dogmas, cuja função é definir com autoridade os conteúdos da tradição da fé, seja para esclarecer e eliminar dúvidas, seja para confirmar e afirmar conteúdos julgados fundamentais para a fé. A criação de um dogma é um recurso usado pela autoridade religiosa, respaldada no exercício de sua legitimidade de intérprete e guardiã da tradição religiosa. Assim, o dogma se impõe como uma referência para a comunidade, ele é o resultado da doutrina quando se torna norma de fé e elimina dúvidas na matéria normatizada. Podemos até questionar o excesso de regras e autoridades no processo de racionalização das tradições religiosas, mas não podemos negar que uma comunidade desprovida de regras claras e de uma ortodoxia forte tem sérios problemas hieráquicos e doutrinários, que muitas vezes a enfraquecem, gerando rupturas.

Não há nenhum grupo humano ou organização social até hoje conhecido que não tenha algum sistema de crenças em algo que transcenda sua realidade, razão pela qual a religião é considerada, ao lado da linguagem, das relações de parentesco e das expressões artísticas, um dos elementos universais da cultura. A religião foi a primeira forma de conhecimento organizada pelos homens, o saber religioso serviu de base para os outros saberes. Ela é também, como vimos anteriormente, a responsável pelo início do processo civilizatório da humanidade.

3.2
A MORTE COMO DOUTRINA NAS TRADIÇÕES RELIGIOSAS

É TENTANDO COMPREENDER A SUA existência que o homem percebe que é finito, que a morte é uma realidade que ele será obrigado a compreender. Na tentativa de compreensão dessa realidade é que surgiram as doutrinas que norteiam as religiões até os dias atuais. Nas tradições religiosas, destacam-se três doutrinas específicas sobre a morte, as quais serão descritas a seguir.

3.2.1
ANCESTRALIDADE

As tradições religiosas primitivas não racionalizaram a discussão sobre a morte. No seu universo de conhecimentos, o mais importante era a vida da comunidade, por isso a importância dos rituais de puberdade, que sacralizavam a vida do indivíduo, uma vez que se tornar adulto era tornar-se responsável pela vida do grupo e pela continuidade do clã. Alguns povos exigiam de seus meninos a morte de um guerreiro como condição de tornar-se adulto – a morte de outro ser era a certeza do equilíbrio da vida social.

Um adulto, ao constituir família, procriava, fazendo surgir novas vidas, pois uma das prerrogativas do ser adulto era a procriação. O adulto garantiria a continuidade da sua vida através dos seus descendentes. Daí o tabu da não-descendência: se não tenho descendente, não tenho alguém que preste culto à minha memória. É nesse pressuposto que se fundamenta a **doutrina da ancestralidade**: para o primitivo, tudo o que tinha vida, mesmo passando pelo ato de morrer, continuava vivo (esta é uma ideia que permeia todas as tradições religiosas: elas aceitam o ato de morrer, mas não de morte; a morte é uma grande transformação no ser vivente), e se seus descendentes lembrassem da sua memória através dos ritos, o seu "estar vivo" seria benéfico para o clã e para a comunidade; no caso contrário, o seu "estar vivo" seria um grande malefício para todos. É interessante percebermos como essas convicções ainda permeiam o simbólico do homem moderno, por meio da ideia da **obsessão** e do **encosto**, uma vez que a obsessão é o ato de estar dominado por um agente externo e o encosto traduz a noção de um ente falecido que se "encosta" em um ser vivente.

A doutrina da ancestralidade foi a base para as outras doutrinas sobre a existência além-vida. É ela que assinala a continuidade da vida, apesar desta acontecer em um plano diferente. Não há mais a visibilidade do corpo físico que se reintegrou à natureza, mas o corpo invísivel, que posteriormente foi nominado de *espírito* ou *alma*, continua vivo e se comunicando com os encarnados, comunicação que pode ser boa ou ruim, dependendo da maneira como os vivos tratam seus mortos. Para que a comunicação seja boa, é preciso haver a reverência e o cuidado, que se realiza por meio dos ritos religiosos de oferendas e orações, mas, se esses ritos forem esquecidos, a comunicação pode ser ruim. Para garantir que os mortos não caiam no esquecimento, todas as culturas acharam por bem instituir um dia no ano dedicado aos mortos.

3.2.2
Reencarnação

Muitos pensadores afirmam que a crença na continuidade da vida nasceu da necessidade de organização da vida social – quais ferramentas seriam mais eficientes para combater as crueldades e injustiças, do que o sofrimento eterno para os maus e a recompensa eterna para os justos? Sem nos determos nessa complexa discussão, podemos observar que a doutrina da reencarnação foi consequência de uma caminhada e de um amadurecimento do homem nas questões a respeito da vida e da morte.

A palavra *reencarnação* vem do latim *re*, que quer dizer "outra vez", e *incarnare*, que vem de outras duas palavras latinas, *in* e *caro, carnis, em carne*. Como toda doutrina religiosa, a reencarnação é uma ideia complexa e, dependendo da tradição religiosa, ela assume características diferentes. Por isso, temos que ter o cuidado de não fazermos leituras apressadas desse fundamento religioso, para não cairmos nas generalizações.

Nas antigas civilizações provenientes da bacia do Mediterrâneo, a doutrina da reencarnação era conhecida, apesar de estar restrita a grupos místicos e esotéricos e a alguns intelectuais (ao povo não foi dado esse conhecimento). A Grécia fez a racionalização dessa doutrina, inicialmente chamada de *metempsicose* – a doutrina da transmigração da alma. Os pitagóricos entendiam a alma como uma parcela de energia divina que, tendo-se introduzido no mundo material e fenomenal, deveria reintegrar sua felicidade original ao cabo de inumeráveis encarnações. Nas últimas páginas de A *república*[49], Platão usa de uma narrativa mitológica, cujo personagem central é Er, natural da Panfília, na Ásia Menor, para falar de como as almas libertadas da prisão do corpo são enviadas para o seu novo destino.

Ao nos referirmos à doutrina de reencarnação nas tradições religiosas indianas, é *mister* destacar que, para os orientais, o Absoluto jamais será aprisionado pelos sistemas filosóficos ou teológicos, pois esses sistemas são relativos, por estarem vinculados aos nossos entendimentos e condicionamentos culturais. Por isso, as escolas filosóficas e teológicas não podem pretender mais do que apontar em direção à realidade.

Nos primórdios da Índia, a religião centrava-se no rito – as pessoas esperavam das divindades uma vida de bem-estar, saúde e prosperidade e abençoada com uma prole numerosa. Posteriormente, a reflexão metafísica desloca o foco de atenção do rito para a doutrina do **Carma**, que doutrinalmente é entendido como **a lei da causa e efeito**, gerando no fiel a ideia de que toda ação produzida gera uma reação, que pode ser positiva ou negativa, dependendo da ação geradora desse processo.

Na doutrina atual da reencarnação na Índia, o conceito de *salvação* e/ou *iluminação* está relacionado à libertação do ciclo do *samsara*, o ciclo de renascimento que o fiel tem de buscar superar, pois renascer é vir a participar outra vez da ilusão (*maya*) e da dor do mundo. A cultura religiosa indiana percebe o homem de forma diferente da cultura ocidental, pois, para eles, o *eu* não passa de um emaranhado de aparências mutáveis, uma sombra fugaz incapaz de alcançar a eternidade. O homem é o resultado da combinação de três níveis ou corpos, que se interpenetram e se impregnam mutuamente. O primeiro corpo é chamado de *corpo grosseiro* (*sthûla sharir*) – é o suporte biológico, orgânico, dos sentidos, o qual nos liga ao mundo físico. Esse corpo é importante porque é por meio dele que o aprendizado, tão necessário para a superação da ignorância (*avidya*), se concretiza. O segundo corpo é o *corpo sutil* (*sukshma sharir* ou *linga sharir*), no qual reside a força vital, os processos emocionais, mentais e intelectuais. O terceiro corpo é o *corpo causal* (*karana sharir*), a origem e o ponto de reabsorção de nossa existência individual. A alma (*jiva* ou *jivatman*) liga-se ao corpo físico e, por ocasião da morte, o corpo físico perde a sua finalidade e a alma sobrevive como corpo sutil, carregando os *carmas* de suas vidas vividas. *Carma* literalmente significa "feitos, obras, ações, trabalhos". Esse *carma* é de fundamental importância na determinação de uma vida futura, pois existe uma regra de ouro nas religiões que afirma: "você colhe aquilo que você mesmo semeou". Tudo no universo é ação, e cada ação se desenvolve produzindo seus frutos. Ao agir sobre e no mundo, em qualquer nível que seja, agimos antes de tudo sobre nós mesmos.

Como síntese da doutrina da reencarnação, podemos pontuar alguns aspectos:

- O caminho de evolução é a encarnação;
- A encarnação é um aprendizado, com o objetivo de sair da ignorância e atingir a sabedoria, que, dependendo da tradição religiosa, pode receber nomes como: *Iluminação, Nirvana, estado de Buda, estado de Luz*... Como o tempo de uma vida biológica é tão efêmero, é preciso voltar a encarnar para dar continuidade ao aprendizado evolutivo, pois somente encarnado é que o espírito pode evoluir rumo à sabedoria;
- A alma, para evoluir, encarna em vários reinos: mineral, vegetal, animal e hominal. Encarnar como um ser humano é um privilégio;
- A reencarnação oriental aceita a evolução e a regressão (voltar a encarnar em outros reinos); já o espiritismo não aceita essa ideia – uma vez chegado ao estado hominal, jamais o espírito regridirá a outros reinos;

- O processo de criação de novas almas ou espíritos é contínuo, e a Terra não é o único lugar do universo habitado por vida inteligente. Daí explica-se o aumento da população e o desequilíbrio da vida social, posto que há uma heterogeneidade espiritual muito grande de encarnações neste plano material – temos espíritos encarnando pela primeira vez, portanto, na ignorância total, assim como temos espíritos evoluídos terminando seu ciclo evolutivo no planeta.

3.2.3 Ressurreição

Na nossa cultura latina, encontramos a fábula-mito sobre o *cuidado essencial*, que antevê toda a racionalidade que promovemos, originada das perguntas básicas – De onde vim?, Por que estou aqui?, Para onde vou? –, e com a qual o cristianismo, a partir das bases filosóficas do pensamento grego, fundamentou e explicou a doutrina da ressurreição:

O cuidado essencial

Certo dia, ao atravessar um rio, Cuidado viu um pedaço de barro. Logo teve uma ideia inspirada. Tomou um pouco do barro e começou a dar-lhe forma. Enquanto contemplava o que havia feito, apareceu Júpiter.

Cuidado pediu-lhe que soprasse espírito nele. O que Júpiter fez de bom grado.

Quando, porém, Cuidado quis dar um nome à criatura que havia moldado, Júpiter o proibiu. Exigiu que fosse imposto o seu nome.

Enquanto Júpiter e o Cuidado discutiam, surgiu, de repente, a Terra. Quis também ela conferir o seu nome à criatura, pois fora feita de barro, material do corpo da Terra. Originou-se então uma discussão generalizada.

De comum acordo pediram a Saturno que funcionasse como árbitro. Este tomou a seguinte decisão que pareceu justa:

"Você, Júpiter, deu-lhe o espírito; receberá, pois, de volta este espírito por ocasião da morte dessa criatura.

Você, Terra, deu-lhe o corpo; receberá, portanto, também de volta o seu corpo quando essa criatura morrer.

Mas como você, Cuidado, foi quem, por primeiro, moldou a criatura, ficará sob seus cuidados enquanto ela viver.

E uma vez que entre vocês há acalorada discussão acerca do nome, decido eu: esta criatura será chamada Homem, isto é, feita de húmus, que significa terra fértil."[10] (p. 46)

O mito do cuidado aponta a origem do homem, tema presente em todas as tradições religiosas. O judaísmo, o cristianismo e o islamismo utilizam essa origem para fundamentar a doutrina da ressurreição, cuja característica básica é a vida encarnada uma única vez, com o propósito de cumprir os desígnios que Deus determina aos homens (islamismo) ou assumir ou não a missão proposta por Deus (judaísmo e cristianismo).

Apesar de haver pontos em comum entre essas tradições religiosas, não podemos também fazer a generalização da ressurreição. Primeiro, porque a doutrina é de uma complexidade tão grande que mesmo numa tradição (como, por exemplo, a do cristianismo) há divergências. O termo *ressurreição* vem do latim *ressurrectio* (regresso da morte à vida) e deve ser entendido como a sobrevivência do indivíduo, com um corpo renovado.

O judaísmo acredita (numa visão geral) que, depois do advento da idade messiânica, Deus ressuscitará os corpos dos mortos, a fim de que corpo e alma possam ser julgados juntos, porque juntos construíram e destruíram, juntos praticaram bons e maus atos. A morte apenas os separou temporariamente, pois faz parte do cânone judaico a crença de que o corpo retornará ao pó de onde ele veio. São inúmeras as ideias acerca do estado intermediário da alma; algumas correntes teológicas afirmam o julgamento imediato após a morte, outras admitem a espera do juízo final. Mas há um consenso: o de que os justos serão reunidos na vida de eterna benção, uma vida sem mal, sem sofrimento, sem dor, um novo mundo, denominado na tradição judaica de *Olam Hadash*.

A ressurreição no cristianismo está intimamente relacionada à ressurreição de Jesus Cristo. A pessoa batizada assegura a participação na ressurreição de Jesus, mediante a vivência do amor, mandamento maior da religião cristã. Deus criou os humanos para lhe obedecerem. A ressurreição universal acontecerá na **parusia**, a volta gloriosa de Jesus Cristo. Essa ressurreição universal não deve ser entendida como uma continuação da vida terrena sob outras condições, mas como uma transformação radical das condições de vida.

O islamismo, por sua vez, afirma que Deus é o responsável pela ressurreição. Deus criou os humanos para obedecê-lo e encarregou-os de adorá-lo; Deus traçou para os homens os caminhos do bem e os alertou quanto às rotas do mal. O ser humano, criado por Deus, é dotado de vontade e de poder de opção, por isso o homem tem uma responsabilidade final perante o seu criador. No Dia do Juízo, corpo e alma serão ressuscitados e julgados pelos seus atos. Aos justos caberá a recompensa do paraíso e aos injustos, o sofrimento eterno.

A doutrina da ressurreição nessas três tradições apresenta pontos em comum e também questões contraditórias, a saber:

- O homem recebe uma missão ou ordem de Deus; para cumpri-la nesta vida, ele só dispõe da encarnação, ou seja, de uma única existência;
- No ato de morrer, a alma desprende-se do corpo, e este retorna ao pó;
- Quanto ao estado da alma na morte, não há consenso teológico – algumas correntes admitem estados intermediários, outras utilizam a expressão *dormir em Deus* até o Dia do Juízo;
- Sobre o juízo também não há consenso; algumas correntes defendem o juízo na hora da morte, outras defendem concepções mais ortodoxas como a espera de um dia;
- Outro tema complexo é sobre o corpo ressuscitado; há algumas divergências – algumas correntes acham que é somente a alma que ressuscita, outras discutem o tipo de corpo que ressuscitará;
- Céu e inferno são temas que dão margem a inúmeras opiniões. Algumas escolas teológicas defendem a ideia de lugares paradisíacos e de grandes sofrimentos, outras entendem-nos como alegria de uma eternidade e desgraça da morte.

Diante da complexidade do tema, uma certeza é evidenciada: a morte é a legitimadora da vida, pois foi tentando compreendê-la que o homem percebeu que é na vida que nos preparamos para a morte. Foi o medo da condenação eterna que impulsionou o homem a criar normas e leis que procuram aperfeiçoar a convivência social; foi o medo da condenação eterna que nos impulsionou e ainda nos impulsiona a sairmos da barbárie. A religião constitui-se, assim, numa poderosa ferramenta civilizadora, pois afirma para o homem, a todo instante, a sua condição de aprendiz. Aquele que perde de vista essa condição compromete irremediavelmente o seu processo humanizador.

3.3 A DOUTRINA DAS TRADIÇÕES RELIGIOSAS

DOUTRINA É O CONJUNTO DE conhecimentos produzido na tradição religiosa, que orientará o fiel na totalidade da sua vida, isto é, nos aspectos sociais, psicológicos e espirituais. A análise do conjunto das doutrinas descritas a seguir demonstra a importância delas nas tradições religiosas e na vida dos fiéis.

3.3.1 HINDUÍSMO

As religiões na Índia sempre orientaram o povo (de uma cultura milenar) no seu processo de humanização. Suas doutrinas, como a de qualquer outra tradição religiosa, contêm uma metodologia para facilitar a sua compreensão e consequente aplicação; elas orientam os homens para uma compreensão de si mesmos, do mundo e dos aspectos espirituais. Apresentaremos alguns aspectos dessa metodologia a seguir:

- **Deus** – um dos equívocos mais divulgados é o de que a religião indiana é politeísta. Na Índia, os nomes divinos podem ser incontáveis, mas são todos compreendidos como expressões de Brahman, o aspecto impessoal e onipenetrante do Supremo, a alma do mundo. Brahman não tem corpo, nem forma; ele está presente em tudo. As divindades são apenas caminhos que conduzem ao contato com o Absoluto. Brahman é a origem, a causa e a base de toda a existência, Ele é o puro ser (*sat*), a pura inteligência (*cit*), e a pura delícia (*ananda*). Ele se manifesta na forma de trindade (*trimurti*), em que o poder de criar pertence a Brahma, o poder da preservação e continuidade da criação pertence a **Vishnu**, e o poder da renovação, da destruição dos elementos que impedem a vida de ser vivida em sua plenitude, as travas que impedem o movimento, a dança cósmica, pertence a **Shiva**.

- **A criação** – em sânscrito, *criação* é *sarga* ou *srsti*, que literalmente significa "fazer brotar" ou "emitir", e que para nossa compreensão ocidental é correto traduzir por "emanação", pois periodicamente Brahman emite o universo e o dissolve em si mesmo. Assim se desenrola a sucessão sem começo e nem fim dos dias e das noites cósmicas, fases da manifestação do universo conhecidas como *kalpa* (ajustar) e *pralaya* (dissolução). Para a religião indiana, existe a dança cósmica, pois a vida é movimento que irá gerar a compreensão das yugas (as idades do mundo), que se dividem em quatro períodos, conhecidos como: *krta yuga* (idade de ouro), *treta yuga* (idade de prata), *dvâpara yuga* (idade de cobre) e *kali yuga* (idade de ferro). Essas idades assinalam um afastamento progressivo da humanidade dos aspectos da espiritualidade e um aprisionamento às paixões. Atualmente, estamos na *kali yuga*, a idade sombria por excelência, a era do relaxamento dos costumes, da deterioração das instituições e do desequilíbrio da harmonia da natureza. Esta era é marcada pelo agravamento constante da miséria material e espiritual e por um crescimento constante do número de pessoas bestificadas em detrimento das boas. Quando o tempo for propício, Vishnu (o preservador) irá restaurar a era da *krta yuga* e um novo ciclo começará.

- **O homem** – o ser humano é criado por Deus de forma simples e ignorante, e o sentido da sua existência é buscar em vida o conhecimento necessário para sair dessa condição. A grande meta é atingir a *moksha, a emancipação, a libertação* do ciclo de *samsara*, um ciclo de nascimento, vida, morte e renascimento. Esse ciclo aprisiona o homem numa roda nada agradável, por isso a *moksha* é a meta a ser atingida. O desejo de liberdade é espiritual, e consiste em libertar-se da ignorância (*avidya*) que amarra o homem ao ciclo de *samsara*. A libertação ocorre quando o conhecimento substitui a ignorância, que é compreender a realidade como algo transitório e ilusório, que aprisiona o homem ao mal, tornando-o refém do corpo físico, fonte dos apetites, das iras, das paixões e da ilusão do apego. O homem religioso, que segue os preceitos religiosos, deve ser desapegado de tudo.

A religião indiana aponta quatro estágios para o homem que busca a transformação de vida. O primeiro estágio é o do estudante *brahmacârin* ou *praticante do brahman*. Começa por volta dos oito e vai até os doze anos e é observado apenas pelas crianças do sexo masculino, pertencentes às três castas superiores da Índia. Após uma cerimônia de iniciação (a *upanayana*), a criança deixa a sua família de origem e vai viver com o seu guru, junto ao qual recebe uma educação religiosa e profana, vivendo uma vida de renúncias, obediência ao guru e castidade rigorosa. Por volta dos 24 anos, regressa à sua família para que esta se ocupe do seu casamento. O segundo estágio é o de chefe de família ou *grhastha*, considerado a base desse sistema. O chefe de família exerce um ofício compatível com seu estatuto religioso de casta e tem o pleno direito, dentro dos limites do *dharma*, de se consagrar ao *kâma* (prazer amoroso e dos sentidos em geral) e ao *artha* (interesse pela riqueza, fama e poder). Quando seus filhos estão criados e educados, sabe que é hora do terceiro estágio, o de ermitão da floresta – ou *vânaprastha*, que significa "aquele que se retira para refletir' –, que é um estágio de transição, por isso é mais teórico, funcionando como uma preparação para o quarto estágio. O quarto e último estágio é o de *sannyâsin* – "o que renuncia ao mundo", isto é, renunciante por inteiro, errante anônimo, exclusivamente em busca da libertação. Conserva os seus fogos rituais, alimenta-se de frutos e raízes, pratica o *tapas* (ascetismo, ritos) e a meditação.

As doutrinas religiosas da Índia não falam em paraísos e infernos definitivos, eles são transitórios na caminhada da busca pela libertação final. Os homens encarnam e reencarnam por meio de uma infinidade de vidas, até a libertação final, que muitos chamam de *Nirvana*.

3.3.2
Budismo

A doutrina de libertação chamada de *Dharma* (ordem universal) assinala que o budismo é a via do meio, ou seja, um caminho entre o luxo excessivo e a ascese extremada, que utiliza ritos de mortificação e afastamento do mundo. A doutrina está centrada nas quatro nobres verdades, que são:

1. Existência do sofrimento: a vida é sofrimento – nascimento, trabalho, separação, velhice, doença, morte, tudo é sofrimento;
2. Causa do sofrimento: a causa do sofrimento vem da ânsia de viver, do apego às coisas materiais, da ambição, do ódio e da alienação;
3. Extinção da causa do sofrimento: o sofrimento pode ser superado; eliminando-se o desejo, podemos evitar um novo *carma* e, assim,

fugir do ciclo de renascimentos;

4. Caminho para a extinção do sofrimento: é o caminho do meio, isto é, não ir atrás nem do prazer nem da autopunição. Esse caminho apresenta oito degraus a serem galgados, abrangendo a atitude interior (reta contemplação e reta decisão), o agir moral (reto falar, reto agir, reto ganhar a vida) e a prática da meditação (reto esforço, reta atenção e concentração e reto aprofundamento). O saber é a condição para o comportamento moral, condição para fugir da roda de renascimentos e ingressar no *Nirvana*.

A doutrina budista, sintetizada nas quatro nobres verdades, aponta que o processo de humanização do homem passa pela busca do equilíbrio entre os extremos. Existem no homem naturalmente esses extremos, que chamamos de várias maneiras, como *luz* e *trevas*, *positivo* e *negativo*, *anjo* e *demônio*, *sapiens* e *demens*. O budismo, na sua doutrina, em vez de propor a negação de um desses extremos, orientou para a necessidade de o homem saber trabalhar com ambos de maneira equilibrada, evitando-os.

3.3.3
Judaísmo

A doutrina do judaísmo se apoia em três pilares: a *Torá*, o culto divino e as obras de caridade. A doutrina judaica é relativamente simples e compreensível. O rabino Solomon Schechter, citado por Scherer[54], expressa essa simplicidade ao afirmar: "*Com Deus como realidade, com a revelação como um fato, com a Torá como regra de vida, e com a esperança da salvação como expectativa maior da fé*" (p. 39). Apesar de Solomon ter feito uma bela análise, existe uma profissão de fé chamada *Shemah*, retirada da *Torá*[39], a qual acompanha um judeu por toda a sua vida: "Ouve, Israel, o Eterno é nosso Deus, o Eterno é um só". A *Shemah*, ao pregar o monoteísmo, une adoração, piedade, amor ao próximo e justiça, facilitando a compreensão e consequente vivência da doutrina.

3.3.4
CRISTIANISMO

A doutrina cristã é toda centrada na fé em Jesus Cristo, o Verbo Encarnado no meio da humanidade, que superou a morte e o sofrimento. A doutrina cristã pode ser resumida nas palavras de Jesus: "amai-vos uns aos outros...". O mandamento supremo do amor conduz ao pleno reconhecimento da dignidade de cada homem, criado à imagem de Deus. Dessa dignidade decorrem direitos e deveres naturais. À luz da imagem de Deus, a liberdade, prerrogativa essencial da pessoa humana, manifesta-se em toda a sua profundidade. A fundamentação doutrinal da trindade, da escatologia e dos sacramentos apoia-se nesse mandamento. A fé cristã vive direcionada para o futuro, na esperança de que, no fim dos tempos, todo sofrimento será superado e toda a humanidade participará do Reino de Deus. Entender a escatologia cristã (doutrina referente ao fim dos tempos e às últimas coisas) é apreender o cerne de toda a sua doutrina.

3.3.5
ISLAMISMO

Os princípios fundamentais da fé islâmica são a unidade de Deus, que se reflete na unidade da criação, a fé nos profetas, tendo na figura de Maomé (Mohammad) o último enviado, e a fé no julgamento de Deus no final dos tempos, quando a justiça será restaurada em toda a criação. Todos os conteúdos da doutrina islâmica encontram-se no

Corão e indicam as condições necessárias e suficientes para ser um bom muçulmano, ou seja, a adesão e a observância dos cinco pilares do Islã. O primeiro pilar é **a profissão de fé**, fundada no *Corão*[2]: "não existe outro Deus além de Deus, e Maomé é o enviado de Deus". O segundo pilar é a oração ritual, a ***Salat***, que, de acordo com a tradição, deve ser rezada cinco vezes por dia: entre a aurora e o nascer do sol, imediatamente antes do meio-dia, às 16 horas, antes do pôr do sol e uma vez durante a noite. Pode ser rezada em qualquer lugar, por uma só pessoa ou por um grupo, com ou sem sacerdote. Já o terceiro pilar, o jejum no mês de ***Ramadã***, é, sem dúvida, a mais conhecida das cinco obrigações canônicas. É geralmente apresentado como a obrigação do fiel de se abster de alimento, de bebidas e relações sexuais da aurora ao pôr do sol, estando, porém, autorizado durante a noite a seguir um regime normal, e até a conceder a si mesmo compensações, o que explica a celebridade das noites de *Ramadã*. O *Ramadã* concede a absolvição de todos os pecados cometidos antes do jejum. O quarto pilar é a ***zakat*** ou ***zaka***, uma espécie de dízimo destinado a sustentar os pobres e os que têm o encargo de recolhê-lo. No Islã, a *zaka* tem sido um fator de solidariedade e de unidade. É o princípio do direito dos pobres a uma parte do patrimônio dos ricos. O quinto pilar seria **a peregrinação a Meca**, que, no entanto, não é obrigatória, porque não é acessível a todos, especialmente do ponto de vista econômico. Ir em peregrinação à cidade santa de Meca, ao menos uma vez na vida, é o desejo mais intenso de todo muçulmano piedoso, além de uma prescrição corânica bem clara. A peregrinação é regulada por um minucioso ritual, que orienta o uso da roupa, o comportamento social e religioso e o roteiro a ser realizado.

3.3.6

Espiritismo

Allan Kardec (Hippolyte Léon Denizard Rivail) é o grande codificador do espiritismo. De 1857 a 1869, dedicou-se inteiramente ao espiritismo e fundou a Sociedade Parisiense de Estudos Espíritas, além de criar a *Revista Espírita* e divulgar os princípios do espiritismo por diversos países, estimulando a criação de novos centros. Escreveu as obras que fundamentam as bases da doutrina espírita, que compõem o chamado *Pentateuco kardequiano*: *O livro dos espíritos*[34] (1857); *O livro dos médiuns* (1861); *O evangelho segundo o espiritismo* (1864); *O céu e o inferno ou a justiça divina segundo o espiritismo* (1865); *A gênese, os milagres e as predições segundo o espiritismo* (1868). Apresentamos a seguir alguns princípios da doutrina do espiritismo.

Para os espíritas, **Deus** é a origem e o fim de tudo. É o Criador, a causa de todas as coisas. O universo foi criado por Deus, a partir do nada, e se constitui de dois elementos básicos: o **espírito** e a **matéria**. A essa dualidade corresponde, de modo mais abrangente, o espírito pertencente ao mundo invisível, que é eterno e pré-existente a toda criação visível. O mundo visível é secundário, a sua existência tem pouca ou nenhuma preponderância para a essência do mundo espiritual. Deus criou e cria permanentemente espíritos imortais, atribuindo-lhes a missão de atingir a perfeição. Essa meta é alcançada ao final de uma longa trajetória cósmica, trilhada em um encadeamento de passagens do mundo invisível para o visível, de encarnações, desencarnações e reencarnações.

No Espiritismo, o **homem** é o espírito encarnado, composto de três elementos: espírito/alma, corpo e perispírito. O **espírito** corresponde à essência imortal do indivíduo, o princípio inteligente que abriga o pensamento, a vontade e o senso moral. O espírito adquire, ao encarnar, um **corpo**, invólucro perecível, instrumento material de ação da inteligência que nele habita. O corpo é um importante instrumento de evolução, é através dele que entramos em contato com o mundo exterior, que nos comunicamos com outros espíritos encarnados e constituímos ações cármicas. Espírito e corpo estão unidos pelo **perispírito**, que se compõe de duas partes: uma mais grosseira que a morte destrói, libertando o espírito, e outra mais sutil, que o espírito conserva. Uma das propriedades do perispírito é servir de elo de ligação entre o espírito e o corpo físico, comportando-lhe em um molde. Ele é constituído de matéria extraída pelos espíritos do fluido universal de cada mundo onde devam exercer experiência encarnatória e não apresenta, portanto, a mesma consistência em todos os mundos. O espírito continua sendo o mesmo, porém, o perispírito guarda as características da matéria da qual se constitui o mundo onde estava encarnado. Esse elemento espiritual é altamente plasmável e registra todas as emoções, a imagem e o som dos acontecimentos, gravando indelevelmente em si mesmo essas experiências.

A **imortalidade da alma** é outro princípio importante nessa doutrina. Enquanto seres viventes, os homens são criação de Deus, que os cria simples e ignorantes e transforma a vida encarnada num processo de aprendizagem e evolução. O corpo, nesse processo, seria um instrumento de evolução utilizado pelo espírito; o corpo é falível, ao contrário do espírito, que é imortal.

O livro dos espíritos[34], na sua segunda parte, no capítulo I, destaca a classificação dos espíritos em diferentes categorias, apontando uma escala espírita, que os distingue em três ordens:

- **Primeira ordem: espíritos puros** – são espíritos que já não têm influência alguma da matéria. Sua superioridade intelectual e moral é absoluta; tais espíritos não estão mais sujeitos à encarnação.
- **Segunda ordem: espíritos bons** – caracterizados pelo predomínio do espírito sobre a matéria. Esses espíritos conservam, quando desencarnados, traços de sua existência corpórea na linguagem e nos hábitos. São espíritos cooperadores, os guias, protetores, aqueles que nos acompanham durante a vida e nos auxiliam na execução dos trabalhos espirituais. Essa ordem subdivide-se em:
  a. **benévolos**: dotados de bondade e saber limitados, cujo progresso se dá mais no sentido moral que intelectual;
  b. **sábios**: espíritos que progridem mais no sentido intelectual que moral;
  c. **prudentes**: espíritos que podem julgar com precisão os homens e as coisas;
  d. **superiores**: espíritos dotados de ciência, sabedoria e bondade, que encarnam na terra somente por exceção, no desempenho de uma missão de progresso. São espíritos responsáveis pela vida dos povos, são os grandes guias, aqueles que desenvolvem tarefas de grande alcance no plano coletivo, responsáveis pela gravação da história dos povos.
  e. **crísticos**: são os espíritos da Esfera Criativa, entidades espirituais extremamente elevadas, que possuem um profundo amor pela humanidade e são responsáveis pela sua evolução, tendo por delegação divina a tarefa de cuidar da harmonia universal.
- **Terceira ordem: espíritos imperfeitos** – sua característica é a predominância da matéria sobre o espírito, a propensão para o

mal, ideias pouco elevadas, sentimentos mais ou menos abjetos. São espíritos que ainda se encontram em estágios de profunda ignorância; são chamados de *espíritos maus*, isto é, pela ignorância do Bem. São os espíritos que normalmente assediam as criaturas, obsidiando-as; são os vingadores, aqueles que vêm em busca de desforra. Essa ordem subdivide-se em:

a. **impuros**: os que, quando encarnados, inclinam-se a todos os vícios;
b. **levianos**, **ignorantes** e **inconsequentes**;
c. **pseudo-sábios**: que julgam saber mais do que sabem;
d. **neutros**: apegados às coisas materiais e que tendem tanto para o bem como para o mal;
e. **batedores** e **perturbadores**: que produzem efeitos físicos sobre os espíritos encarnados.

Os espíritos, sendo imortais, passam por diversas reencarnações. O objetivo da **reencarnação** é a evolução espiritual por meio do aprendizado, feita somente quando o espírito é encarnado. No nível espiritual pode haver o aprendizado, no nível material há a aplicação do aprendizado e, consequentemente, a evolução. Encarnado, o espírito se relaciona, e deste relacionamento se produzem **carmas**, que podem ser positivos e negativos e que são determinantes no processo evolutivo. Quanto ao número de encarnações e reencarnações pelas quais se deve passar, fica limitado ao nível de progresso evolutivo de cada espírito, ou seja, cada um segue o seu ritmo.

A doutrina do espiritismo, apresentada de maneira sucinta e objetiva, mostra como toda a doutrina é complexa e permeada de detalhes, que orientam melhor os fiéis no seu processo de interação com eles mesmos, com os seus semelhantes, com o mundo e com o transcendente. O próprio Allan Kardec deu uma síntese da doutrina espírita quando afirmou que, fora da caridade, não há salvação.

3.3.7 Religiões de matriz africana: umbanda e candomblé

O **candomblé** é resultado de um sincretismo cultural e religioso nascido da necessidade de sobrevivência de um povo em tempo de extremo sofrimento. Os negros trazidos à força da África para nossa terra encontraram na preservação de algumas de suas bases culturais e religiosas um instrumento de resistência às adversidades. O candomblé compreende-se como uma grande comunidade, e o fundamento de vida para o adepto é fazer parte dessa comunidade e contribuir para seu desenvolvimento e equilíbrio. Como destaca Paulo César Botas[12], na obra *Xirê: a ciranda dos encantados*:

> *O tempo é algo que criamos no aqui e agora da nossa experiência cotidiana. Há um tempo para as pequenas tarefas cotidianas e para as grandes tarefas que nos consomem uma vida inteira. Tempo para vivências pessoais e um tempo não-limitado por nenhum horizonte.* [...] *O ser humano é integrado pelo corpo material (Egbé), pelo alento, pela respiração e pelo sopro que anima o corpo (Emi), pela mente e pela cabeça, que é dotada de uma herança ancestral (Ori). Essa herança ancestral é sintetizada nos quatro elementos: água (omi), terra (ibi, aro), fogo (obiná) e ar (afefé). Quando os orixás se expandem no ser humano, sempre partem desses quatro elementos. O Ori garante a homens e mulheres caminhar rumo à realização plena do seu destino e*

transformar a natureza ao seu redor. Esses homens e mulheres se constroem, sempre numa relação comunitária de serviço e restabelecimento da harmonia entre si, a natureza e Olorum. (p. 44-45)

O candomblé, em seu corpo doutrinal, apresenta-se de maneira bastante complexa e permeada de conhecimentos teológicos, como qualquer tradição religiosa. O olhar preconceituoso, cultivado durante longos anos em nossa pátria, impede que vejamos essa realidade. Como tradição religiosa, o candomblé aponta caminhos civilizadores para seus fiéis; sua liturgia reforça os laços de relacionamento comunitário, por ser a religião o convívio das pessoas que fazem parte de uma grande família, chamada *candomblé*.

A **umbanda**, por sua vez, é uma religião nascida no Brasil, na primeira metade do século XX. Ela, como o candomblé, é resultado de um sincretismo religioso e cultural que é melhor compreendido a partir da contextualização histórica em que nasceu. A umbanda é criada num período politicamente confuso, com uma grande parcela da população brasileira vivendo à margem das decisões sociopolíticas do país. Inicialmente, a umbanda atende aos interesses dessa parcela de excluídos socialmente.

Na umbanda, encontramos elementos de religiosidade africanas, orientais (principalmente da Índia), nativas indígenas, cristãs e espíritas. A aproximação com o espiritismo levou a umbanda a substituir, gradativamente, as divindades africanas pelos espíritos com os quais os fiéis se comunicam. Por não ter uma ortodoxia forte, encontramos na umbanda uma variedade enorme de práticas rituais, pois o rito sempre é determinado pelo representante máximo do terreiro, que são os seus sacerdotes. Teologicamente, o rito compreende sete linhas, que são organizadas, cada uma, em torno de um orixá, que foi associado a um santo católico. A linha divide-se em falanges e legiões (sempre sete) que constituem a ligação entre os orixás e os membros inferiores da hierarquia, representados pelos espíritos desencarnados. Na umbanda, existe uma relação muito próxima do mundo visível com o invisível. Os espíritos podem ajudar e atrapalhar os encarnados, dependendo do seu nível de evolução, por isso, na gira (nome do culto) existem médiuns doutrinadores que ajudarão no aprendizado dos espíritos não evoluídos. Os espíritos evoluídos prestam trabalhos que variam de favores, orientação a aconselhamento psicológico, espiritual, medicinal e material, como forma de ajudar os encarnados necessitados. Esses trabalhos são uma forma de dar continuidade, mesmo no plano metafísico, à sua evolução espiritual.

A umbanda apresenta no seu corpo doutrinal elementos tão complexos, por causa das influências sofridas, que levou uma parte dos seus fiéis a buscar o caminho da simplificação teológica. Isso reforçou no meio popular a ideia de que ela seria uma religião voltada apenas para rituais mágicos, do tipo "se há um problema, nós resolvemos", o que não é a realidade. A umbanda é uma religião civilizadora como todas as outras tradições religiosas; seu corpo doutrinal, como já citado, é muito complexo, e carece de muito estudo para a sua compreensão – o que levou umbandistas do estado de São Paulo à criação da Faculdade de Teologia Umbandista (FTU), para melhor compreender e ensinar a sua doutrina.

Síntese

Neste capítulo abordamos a doutrina e seus preceitos mais importantes, suas crenças e visão de mundo, que fundamentam todo o conhecimento presente na tradição religiosa. A base da doutrina é o texto sagrado, pois é dele que emanam todos os fundamentos presentes na doutrina e que emergem as regras que irão orientar a vida dos fiéis, calcada na retidão de atitudes e costumes. A doutrina precisa ser constantemente interpretada, aprofundada em seus conteúdos e contextualizada historicamente. Tal papel compete à teologia, que tem por atribuição a fixação doutrinal e a definição dogmática. A importância da teologia reside na capacidade intelectual de estar constantemente atualizando o corpo de doutrina da instituição religiosa, facilitando, assim, a compreensão e vivência dos fiéis.

Atividades de autoavaliação

1 Referente à doutrina, marque (V) para as afirmativas verdadeiras e (F) para as falsas:

( ) A doutrina é um conjunto de conhecimentos que fundamentam a religião.

( ) As doutrinas são metodologias usadas pelos sacerdotes nas homilias.

( ) A doutrina pode ser compreendida como os fundamentos morais da comunidade.

( ) A doutrina é a interpretação, atualização e esclarecimentos que os teólogos fazem com o objetivo de tornar compreensível, racionalmente, a fé dos fiéis.

Agora, assinale a alternativa que apresenta a sequência correta:

A) V, F, F, V

B) V, F, F, F

C) V, V, F, V

D) V, V, F, F

2 Referente às doutrinas das religiões, julgue as afirmativas a seguir como verdadeiras (V) ou falsas (F):

( ) A doutrina da ancestralidade afirma que ocorre somente a morte física, o espírito continua vivo e atuando na família de maneira positiva ou negativa.

( ) Na doutrina oriental de reencarnação, o espírito pode tanto evoluir como regredir a estágios de vida inferior. A doutrina ocidental admite apenas a evolução.

( ) A doutrina da ressurreição ensina que o homem recebe uma missão ou ordem de Deus, tendo somente esta encarnação para cumpri-la.

( ) A religião do hinduísmo aponta quatro estágios de vida para o homem que busca a transformação de sua vida: *brahmacârin*, *grhastha*, *vânaprastha* e *sannyâsin*.

Agora, assinale a alternativa que apresenta a sequência correta:

A) V, F, F, V

B) V, V, V, V

C) V, V, F, V

D) V, V, F, F

3 Sobre as doutrinas das religiões, julgue as afirmativas a seguir como verdadeiras (V) ou falsas (F):

( ) O *Shemah* é a pregação de fé do judaísmo.

( ) As quatro nobres verdades do budismo são: 1 – existência do sofrimento, 2 – a causa do sofrimento é o apego às coisas materiais, 3 – o sofrimento pode ser eliminado, 4 – o caminho para a extinção do sofrimento é o caminho do meio.

( ) A doutrina da Trindade, da escatologia e os sacramentos se apoiam na compreensão do Reino de Deus.

( ) A doutrina do islamismo se apoia em seis pilares.

Agora, assinale a alternativa que apresenta a sequência correta:

A) V, F, F, V

B) V, V, V, V

C) F, V, F, F

D) F, F, F, F

4 Entre as afirmativas a seguir referentes às doutrinas religiosas, qual(is) é(são) a(s) corretas e qual(is) é (são) a(s) incorreta(s)?

( ) A doutrina é definida como um conjunto de conhecimentos que fundamentam uma religião, um sistema religioso que é passado aos fiéis através do ensino, da pregação, das normas de conduta e da catequese.

( ) A teologia aparece no universo das tradições religiosas como um esforço para dar coerência e fundamentação à experiência escrita e à própria tradição religiosa.

( ) Segundo a doutrina do hinduísmo, estamos na era da *kali yuga*, era que se caracteriza pelo equilíbrio entre o bem e o mal.

( ) O candomblé compreende-se como uma grande comunidade, e o fundamento de vida para o adepto é fazer parte dessa comunidade e contribuir para seu desenvolvimento e equilíbrio.

Assinale a alternativa que apresenta a sequência correta:

A) F, V, F, V

B) F, F, F, V

C) V, F, F, F

D) V, V, F, V

5 Sobre a umbanda, o espiritismo e o candomblé, marque (V) para verdadeiro e (F) para falso:

( ) A umbanda apresenta no seu corpo doutrinal influências das tradições religiosas do cristianismo, espiritismo, religiões indígenas e africanas.

( ) O candomblé apresenta-se como uma grande família.

( ) O objetivo da reencarnação é a evolução.

( ) Na umbanda, o objetivo dos médiuns doutrinadores é ajudar no aprendizado dos espíritos não evoluídos.

Agora, assinale a alternativa que apresenta a sequência correta:

A) F, V, F, V

B) F, V, V, V

C) V, F, F, F

D) V, V, F, V

Atividades de aprendizagem

Questões para Reflexão

Elabore um texto em que as questões propostas a seguir façam parte da sua reflexão:

1 Qual é a importância do dogma?

2 Aponte a importância de doutrinas como a ancestralidade, a reencarnação e a ressurreição na vida do fiel.

Atividade Aplicada: Prática

1 Entreviste pelo menos cinco pessoas, com o objetivo de perceber a opinião delas sobre as religiões do candomblé e umbanda.

Quatro

Os ritos nas tradições religiosas

O RITO É UMA LINGUAGEM em gestos, por meio da qual o homem procura expressar a sua total entrega a Deus, como ser não só espiritual, mas também corporal. Portanto, ritos são ações vinculadoras que produzem sentido e eficácia para os adeptos (fiéis). O rito contribui no processo civilizatório do homem e na organização da estrutura social do grupo, definindo as regras de comportamento do indivíduo na comunidade e orientando (às vezes definindo) as estruturas responsáveis pelo funcionamento do grupo.

4.1 Fundamentação

CONCEITUAR *RITO* NÃO É TAREFA simples, por ele estar intimamente ligado ao ritual, o que naturalmente pode levar a generalizações. O *Dicionário Houaiss*[32] define ritos e rituais, respectivamente, como:

> **Rito.** 1. *conjunto das cerimônias e das regras cerimoniais que usualmente se pratica numa religião, numa seita etc; liturgia* [...] 3. ANTROPOL. ETN. *em determinadas sociedades, conjunto das práticas mágicas, realizadas durante as cerimônias, cujo objetivo é assegurar certo controle sobre as forças sobrenaturais e/ou orientar uma força oculta no sentido de uma ação determinada (tb. us. no pi.)* 4. ANTROPOL. ETN. *qualquer processo de cunho sagrado ou simbólico, suscetível de estabelecer e desenvolver costumes (tb. us. no pi.) (r. fúnebre) (ritos de magia)* [...] 7. *p.ana. o conjunto dos preceitos, normas etc. estabelecidos socialmente; etiqueta, ritual (mais us. no pi.) (os r. da boa educação)* 8. *pmet. Cerimônia que segue estes preceitos, estas normas* 9. *série de procedimentos invariáveis*

na realização de determinada coisa; costume, hábito 9.1 JUR. *conjunto de formalidades que devem ser observadas para que um ato possa ser considerado válido ou para a execução de determinada diligência «- r. de passagem* ANTROPOL. *em certas comunidades primitivas, cerimônia que sanciona o acesso de um indivíduo de um grupo a outro, esp. de um grupo de jovens ao grupo de adultos.*

Ritual. 1. LITUR-CAT. *livro que contém os ritos estabelecidos por uma religião e a forma de executar as cerimônias e os serviços divinos* [...]. 2. *p.met. o culto religioso; cerimônia, liturgia* 3. *p.met. conjunto de atos e práticas próprias de uma cerimônia ritualística* 4. *p.ext. a etiqueta, o conjunto das regras socialmente estabelecidas que devem ser observadas em qualquer ato solene; cerimonial* [...] PSICOP. *comportamento repetido e sem sentido aparente, mantido por um indivíduo com o fim de aliviar a ansiedade, característico de neuroses obsessivo-compulsivas a adjag* 6. *relativo ou pertencente a rito.*

Pela conceituação do dicionário, percebe-se a dificuldade de compreensão do termo. Para facilitar o processo, usaremos a conceituação de autoridades da área. Estudiosos como J. Daniélou, citado por Piazza[50], usa uma expressão que aponta para a importância dos ritos: "Se os mitos são a maneira de exprimir que o homem está em relação com Deus, os ritos são a maneira de realizar concretamente esta união com Deus" (p. 234). Émile Durkheim, citado na obra de Riviére[52], define os ritos como "regras de conduta que prescrevem como o homem deve se comportar em relação às coisas sagradas" (p. 45). Já para Stanley Tambiah (*in* Peirano[47]), "O ritual é um sistema cultural de comunicação simbólica. Ele é constituído de sequências ordenadas e padronizadas de palavras e atos, em geral expressos por múltiplos meios." (p. 11).

Para a fenomenologia da religião, os ritos são ações vinculadoras que produzem sentido e eficácia para os adeptos de um determinado culto religioso. A mediação simbólica presente nos ritos amarra os mundos transcendente e imanente e remete para além do tempo e espaço. Sintetizando: os ritos são a expressão corporal da religiosidade humana.

4.2
Discussão acadêmica sobre os ritos

No início do século XX, havia nos meios intelectuais uma dicotomia entre comportamentos ditos não-racionais, ligados ao misticismo e à religião, e, os comportamentos racionais, utilitários e profanos, ligados à uma vida social (científica e racional) que tentava superar as formas arcaicas de vida baseadas na magia e na religião. Segundo Betina E. Schmidt, citada na obra de Usarski[59], duas correntes exemplificavam bem essa dicotomia – a **intelectualista**, com James Frazer e Edward Tylor centrando a sua análise a partir do pensamento e vinculando os rituais à racionalidade, e a **sociológica**, com Durkheim e Mauss.

Para Durkheim e Mauss (*in* Usarski[60]), a religião não é necessariamente algo que diz respeito aos deuses e ao sobrenatural, mas à sociedade. Já para Tylor, também citado por Usarski[59], o culto à natureza, combinado com os rituais mortuários realizados aos ancestrais falecidos, constituíram-se nas bases religiosas dos povos primitivos, o que ele denominou de *animismo*. Esses cultos, ao longo do tempo, evoluíram doutrinalmente, tornando-se a base para as religiões monoteístas. Usarski[60] aponta que muitos estudiosos da ciência da religião concordam que Frazer foi o primeiro intelectual a desenvolver uma teoria para a magia, afirmando que a magia e a ciência apresentavam pontos comuns, por se basearem nas mesmas leis de associação do pensamento. Para Frazer, a magia era a ciência mal aplicada. Usarski[60] ainda destaca que a humanidade, segundo Frazer, teria passado por três estágios: magia, religião e ciência. A magia já contém as leis definitivas do pensamento, mas as aplica mal; a religião nasce quando se percebe que a magia não produz resultados e delega-se o poder a seres sobrenaturais; finalmente, a ciência retoma a responsabilidade da relação entre causa e efeito e aplica as leis de forma correta. Essa ideia de estágios não sobreviveu por muito tempo, mas é importante assinalar que as leis de associação do pensamento identificadas por Frazer tiveram vida duradoura.

Os ritos são pontes que ligam o homem, primeiro, a si mesmo, no processo de autoconhecimento. Sem esse processo, todo o resto está comprometido. Se o homem não for capaz de fazer a ligação consigo mesmo, compreendendo suas capacidades e seus limites, ele não poderá compreender e aceitar os limites, as qualidades e as capacidades do outro, pois a segunda ponte que o rito constrói é em direção ao próximo. A terceira ponte é construída em direção ao transcendente, ao divino, a Deus. Se convivemos com ilustres desconhecidos que somos nós mesmos, se não somos capazes de conhecer e conviver com a complexidade da nossa essência, como seremos capazes de conviver com o outro, com o nosso próximo, que muitas vezes se constitui numa ameaça aos nossos projetos existenciais? Se não nos conhecemos, como poderemos desejar conhecer o transcendente, que é muito mais complexo em relação ao nosso pequeno universo? O rito não está preso à ação individual; o rito é, antes de tudo, uma ação determinada pela comunidade e inserida nos costumes do grupo humano. O sentido do rito acontece na vida em comunidade.

Van Gennep[61] define os ritos de passagem como os momentos de transição de pessoas e grupos sociais em nova etapa de vida e mudanças de *status*. O mesmo autor faz uma identificação de determinados ritos de passagem realizados nas comunidades primitivas, como: nascimento, iniciação, casamento e morte, destacando três fases ritualísticas. A primeira fase é a da **separação e ruptura com o mundo profano** em que se encontra o indivíduo; a segunda é o **recolhimento a um espaço sagrado**, para se preparar para a nova realidade; e a terceira é o **renascimento simbólico para a nova realidade**, o que ocorre de maneira solene na comunidade, quando o indivíduo é revestido de um novo *status*.

Nos ritos de iniciação, é comum o indivíduo ser afastado do seu ambiente cotidiano e ser levado para um novo, onde ele será submetido a algumas proibições do tipo: alimentares, sexuais e restrições a alguns tipos de comodidade e conforto. Nesse período, ele passará por um intenso aprendizado dos saberes (mitos, linguagem, costumes...) do seu grupo social e por um tipo de provas ritualísticas em que provará sua coragem, suas habilidades, controle da dor e das emoções, bem como a observância de um rígido código moral. Tudo isso faz parte de um processo de educação, cujo objetivo é prepará-lo para a sua nova condição social. A mudança de nível social dentro do grupo ocorre numa grande festa da comunidade, e o novo indivíduo é identificado por meio de escarificações, tatuagens, adereços, nova estética, novo nome e nova maneira de ver a vida e o mundo que o cerca. Van Gennep[61] vincula o rito a uma utilidade social – o novo ser passará a ser o protetor, o guardião do grupo social, da comunidade.

A fenomenologia da religião aponta para uma classificação de ritos bem mais ampla, como dos chamados **ritos repetitivos**, que estão ligados aos mitos primordiais – que explicam a origem de algo. São chamados *repetitivos* por seguirem um ciclo cultual que se repete todo o ano, em datas fixas. Os ritos de passagem trabalhados por Van Gennep[61] procuram situar e contextualizar o homem dentro da estrutura social. **Os ritos religiosos** são aqueles que procuram ligar o homem à divindade, ao transcendente, apontando a ele o caminho para uma ação correta no seu grupo. Já **os ritos agrários** procuram associar a fertilidade da terra à fertilidade humana, e os **ritos de coroação** são utilizados na legitimação do poder temporal constituído.

A estrutura dos ritos está ligada ao significado simbólico dos mesmos. Alguns têm um grau de dramaticidade muito elevado, outros estão carregados de pouco gestos simbólicos e, alguns, de conotações mágicas. Os pesquisadores da fenomenologia das religiões perceberam que os ritos, devido a sua estrutura, persistem nos grupos, sendo praticados e vivenciados, influenciando por mais tempo que os mitos. Nem sempre o rito está ligado ao mito, mas muitas vezes o mito sofre o processo de ritualização como maneira de permanecer vivo e atuante na memória do grupo.

4.2.1
Os ritos religiosos

Os ritos religiosos procuram situar o homem em um tempo e em um espaço sagrado que irão dar sentido às suas atividades no tempo e espaço profano. Para o homem primitivo, o tempo do cotidiano é transitório, relativo, inconsistente e sem significado próprio. Viver em um tempo como esse é viver como os animais, é ter uma vida sem sentido e significado, daí o esforço que esse homem fará para situar-se em um tempo e espaço diferentes. Os ritos religiosos o ajudarão a alcançar esse objetivo.

O homem primitivo percebeu que a natureza segue um ciclo natural, que nós chamamos de *estações*. Esse ciclo foi sacralizado e adaptado à vida; por isso, as antigas tradições religiosas criaram um saber que reconhecia a vida humana dentro dele: assim como a natureza tem suas estações, que a renovam e impulsionam a vida, o homem também tem seus ciclos, suas estações. De acordo com esse ciclo primário, a vida humana se divide em uma progressão de períodos, cada período cobrindo aproximadamente sete anos solares completos, definindo, assim, as estações da vida.

A **primavera humana** abrange os três primeiros ciclos de vida, que vão até os 21 anos. Esse é o período da educação, da autodescoberta do mundo material e da nossa relação com ele. É o período das modificações físicas, psíquicas e mentais, do desenvolvimento do senso de responsabilidade, da dignidade e do caráter. O **verão humano** abrange mais três ciclos de sete anos, que vão dos 21 aos 42 anos. É a estação em que o homem desenvolve a sua natureza emocional, adquirindo estabilidade e um maior senso de responsabilidade, desperta as faculdades mais elevadas, desenvolvendo os processos criativos da mente, a harmonização com o cosmo e o reforço dos padrões éticos da benevolência, da compaixão, ou seja, das relações humanitárias e fraternas. O **nosso outono**, que vai dos 42 aos 63 anos, caracteriza-se pelo desejo de repousar, meditar e fazer especulações – é a estação da maturidade. A mente se volta com mais interesse pela religião, filosofia e ações humanitárias. Essa é a estação em que há uma diminuição gradativa da vitalidade e do vigor físico, compensada por uma natureza mental e psíquica altamente harmonizada. É a estação em que o homem é impelido a buscar o aperfeiçoamento da sua espiritualidade, tornando-se cada vez mais um ser psíquico e espiritual. A estação do **inverno humano** começa aos 63 anos e se estende até a grande transformação da vida que chamamos de *morte*. Esse período se caracteriza pela preparação para a grande transformação, é o período da síntese, pois a vida passa a ser percebida como uma totalidade íntegra.

Essa foi a maneira que os primitivos encontraram para diferenciar sua vida das outras espécies, uma maneira que cobra dos humanos disciplina e vigilância constantes em relação à vida, atitudes que geram a consciência da real missão de cada um neste mundo. A perda da consciência dos ritos religiosos foi gradativamente nos desligando do real sentido da vida e nos aprisionando naquilo que as tradições religiosas orientais chamam de *maya*: aparência e ilusão. Culturas como as do antigo Egito, dos maias e do Tibet criaram seus **livros dos mortos**, que, ao contrário do que muitos pensam, não são livros que falam da morte, mas da vida. Todas as tradições religiosas são unânimes em afirmar que a morte não é o fim de nada, pelo contrário, é a transformação radical do ato de viver. A cultura atual transformou a morte em tabu e evento econômico, alterando nas pessoas a percepção dessa.

Dalai Lama[5], quando lhe foi perguntado sobre o que mais o surpreendia na humanidade, respondeu:

Os homens... Porque perdem a saúde para juntar dinheiro, depois perdem dinheiro para recuperar a saúde. E por pensarem ansiosamente no futuro, esquecem do presente de tal forma que acabam por não viver nem o presente nem o futuro. E vivem como se nunca fossem morrer... e morrem como se nunca tivessem vivido.

Essa resposta do Dalai Lama acentua a realidade em que transformamos a nossa vida. Vemos, hoje, pessoas que se curvam servilmente aos ditames da moda e até violentam o rosto e o corpo para reproduzir o padrão de beleza vigente. O culto à celebridade mostra que ainda reverenciamos modelos que sintetizam a "super-humanidade". Há pessoas que se desdobram para ver seus ídolos e sentem uma exaltação extática por estar perto deles. Copiam seus trajes e sua conduta. Isso só acentua o processo de perda dos conhecimentos que as antigas tradições religiosas nos legaram, ou seja, a perda do sentido exato dos ritos religiosos. É muito raro vermos tradições religiosas retomando antigos ensinamentos como o das estações da vida.

4.2.2
Os ritos de iniciação

Os ritos de iniciação têm o objetivo de transformar o homem profano, comum e pecador em um novo homem, segundo os planos divinos. Nesses ritos, encontramos três características: a do sagrado, a da morte e a da sexualidade. O iniciado integra essas características à sua nova personalidade. Ele não é somente um "renascido", mas uma pessoa que sabe, que conhece os mistérios, que teve revelações de ordem transcendente durante o seu aprendizado, além de acesso aos mitos e às teogonias (narrativas sobre a origem dos próprios deuses, a partir de seus pais e antepassados) que descrevem as origens do mundo e dos deuses, dos seus nomes, da função dos instrumentos rituais utilizados nas cerimônias religiosas etc. Esse indivíduo teve uma educação rígida nos aspectos morais que deverá observar. Nos ritos de iniciação, estão presentes sinais simbólicos como: vestes sempre na cor branca, cordão sagrado, facas ou espadas, passagens por portais, prostração... – essa simbologia representa a morte para o estado anterior de vida e o renascimento para um novo estágio. Tais ritos marcam etapas da vida como a do nascimento, da puberdade e da idade adulta. A iniciação equivale à maturidade de vida social e espiritual.

4.2.3 Os ritos agrários ou de renovação

São ritos complexos e ricos de sentidos, porque, em geral, estão carregados de simbolismos sexuais, pela associação estabelecida entre a fertilidade da terra e a da mulher. Em algumas comunidades cuja sobrevivência advém da agricultura, a semeadura do campo é precedida por uma **hierogamia** (casamento sagrado) entre o casal líder da comunidade – rei e rainha, patriarca e matriarca, sacerdote e sacerdotisa... – e o elemento divino, representando a união divina entre o céu e a terra. Geralmente, esses ritos eram seguidos de orgias (sexo entre todos os presentes), simbolizando, em um certo sentido, o caos primordial, a força da fertilidade da terra e dos humanos, a origem da vida.

Em alguns grupos primitivos, existia a prática do **sacrifício cruento** (morte de animais e principalmente de humanos), simbolizando a morte e a ressurreição, presente inclusive no reino vegetal (semente-flor-fruto-semente). Partia-se de uma analogia: é preciso que o grão morra para que surja uma nova vida, que irá alimentar vidas; assim, na comunidade é preciso que vidas sejam sacrificadas para que a harmonia cósmica não seja quebrada.

Esses rituais não são bem compreendidos por culturas num estágio de desenvolvimento tecnocientífico maior, levando invariavelmente a condenações por parte destas. Mas se entendermos a estrutura cultural do grupo, iremos encontrar sentidos lógicos (é claro, dentro da sua percepção de mundo) nesses rituais. Durante algumas décadas, os rituais cruentos praticados pelos astecas, dedicados no final de cada tarde a uma divindade, foram vistos como algo bárbaro. Quando se entendeu a estrutura religiosa desse ritual, percebeu-se o comprometimento universal desse povo com a manutenção da ordem cósmica, pois eles acreditavam que à noite o Deus Sol descia aos infernos e, se ele estivesse fraco, corria o perigo de ser aprisionado pelos demônios, e a Terra mergulharia nas trevas eternas, eliminando a vida da sua superfície. Por isso, no final de cada tarde, o coração pulsante de uma vítima era depositado nos pés da imagem do deus, como forma de alimento.

Trata-se, sem dúvida, de uma forma aberrante entre os ritos religiosos, mas não se pode negar que, no fundo, há um sentimento de profundo respeito do homem pelo mistério da vida, o que nos faz pensar sobre o dramático problema da sobrevivência em que os povos antigos estavam imersos.

4.2.4
Os ritos de coroação

Eram ritos de grande importância para os povos antigos que precisavam de estruturas sociais estáveis. O seu objetivo era dar legitimidade e solidez sacramental aos governantes, que geralmente eram identificados com as divindades e cujos mandatos eram, portanto, de origem e vontade divina.

4.2.5

Os ritos de passagem

Anteriormente, falamos de alguns desses ritos (de passagem) e, neste momento, evidenciaremos a sua estrutura. Os ritos de passagem sacralizam as etapas da existência humana, tais como o nascimento, o matrimônio, a morte etc. Como vimos anteriormente, há neles três etapas, que não são necessariamente consecutivas. Na etapa da separação, a pessoa é tirada da situação profana em que se encontra provisoriamente. Na etapa da transição, prepara-se o indivíduo para a nova situação. Na etapa da incorporção, o indivíduo é colocado definitivamente na nova situação.

O esquema desses ritos pode ser assim apresentado:

a. **O rito em si**

- O sujeito do rito é o ignorante que deve ser educado e purificado;
- Os gestos ritualísticos são vários, mas contêm ações simbólicas que evidenciam a ideia de morte para a situação profana e de ignorância e o renascimento para o sagrado, que é a realidade do conhecimento. Por isso, estão presentes nesses ritos as mutilações, os flagelos, a imersão na água, o sepultamento simbólico;
- As palavras funcionam como elementos de aproximação com o sagrado, de maneira humilde e reverente; por isso, em alguns casos há a confissão dos pecados e são dadas as fórmulas de oração.

b. **O efeito do rito**

- É religioso, por permitir a participação na vida sagrada. Após o rito, o indivíduo detém o conhecimento da origem das coisas e das divindades, conhece a língua sagrada e os nomes dos deuses, pois ele foi devidamente educado nos mistérios do numinoso e está apto a participar dos atos litúrgicos;

- É social, pois capacita o indivíduo a participar dos deveres e direitos da vida da sua comunidade.

c. **O significado do rito**

- É de renovação da vida, tanto individual como do mundo natural. Se a renovação ocorrer somente em um dos níveis, ela estará incompleta, por não ter a capacidade necessária para movimentar a vida, que é dinâmica.

4.2.6

Os ritos no cristianismo

O rito no cristianismo é percebido como a ação do homem no tempo histórico, pois é na história que acontece o encontro de Deus com a sua criação, ao contrário do que ocorria nas antigas religiões em que se utilizavam os ritos como elemento mágico para situar o homem em um tempo sagrado, identificando-o às potências divinas e agindo no mundo natural, com técnicas para dominar as forças numinosas ou cósmicas em proveito próprio. No cristianismo, o rito tem a intenção de expressar, por meio de gestos exteriores, a graça que o indivíduo espera alcançar de Deus.

4.2.7

Os ritos na vida das comunidades

Faremos, a seguir, transcrições de rituais de algumas culturas, com o objetivo de colocar o leitor em contato com os rituais praticados por alguns grupos e, consequentemente, proporcionar um paralelo cultural e uma percepção da importância dos ritos no processo de civilização do homem. O ato cultual, que no cotidiano pode ser entendido como rito, ritual e/ou festa religiosa, tem a função de unir e integrar. Nas festas, as diferenças sociais são minimizadas, o grupo prova a sua capacidade de organização e gerenciamento da vida. A esperança na vida e na alegria de viver são renovadas, por mais que no cotidiano a vida teime em ser árdua. É no rito que as pessoas têm a real dimensão da importância da sua fé na vida cotidiana.

Piazza[50] descreve em sua obra alguns ritos, reforçando a importância deles na vida dos fiéis. O rito de iniciação tribal, por exemplo, tem o objetivo de confirmar perante a comunidade que o sujeito iniciado está apto a cumprir o papel que lhe foi atribuído no grupo social; portanto, esse rito está eivado de cerimônias com um grande teor simbólico. As antigas tradições religiosas que utilizavam os rituais de sacrifícios humanos, o faziam a partir de regras doutrinais claras, que respondiam às expectativas de vida do homem daquele tempo. O ritual tinha o objetivo de preservar a harmonia da natureza e, consequentemente, a harmonia da vida dos homens, já que a natureza em fúria podia gerar o desequilíbrio da vida da comunidade.

Já Wach[62] faz uma abordagem da organização das sociedades secretas no grupo social, afirmando que essas são compostas por grupos de privilegiados, iniciados (como grupo aberto para quem se qualifica), que detinham grande parte do saber constituído e o utilizavam como poder de influência no grupo social.

Por sua vez, Greschat[29] cita o pesquisador Paul Radin, que, ao estudar o grupo social da comunidade nativa Winnebago – originária do Nebraska, EUA –, constata a presença de quatro tipos de grupos religiosos, os quais dividiam o poder de comando local:

1. **Clãs** ou **grupos naturais**: a cujas cerimônias só têm permissão de assistir os membros do clã;
2. **Sociedades secretas**: limitadas aos que obtiveram as bênçãos de um espírito especial ou, em nossa terminologia, associações especificamente religiosas baseadas em experiências individuais (embora às vezes estereotipadas);
3. **"Medicine groups"** ou **"sociedades de mistério"**: grupos com poderes especiais ligados à magia, dos quais só podem participar os iniciados;
4. **Organizações semipermanentes**: como, por exemplo, associações de guerreiros cujas façanhas notáveis lhes conferem crédito para a execução de ritos especiais.

Africanistas como Hambly, Butt-Thompson e Herskovits, citados na obra de Wach[62], tentaram compreender o perfil dos grupos religiosos nas sociedades africanas que estudaram, concluindo que alguns rituais praticados nas sociedades secretas têm por finalidade: aumentar a fertilidade da terra e dos animais, para que não faltem alimentos; o cuidado com os doentes, para recuperar a saúde afetada; o cuidado com os mortos, para que eles ajam no grupo como espíritos ancestrais protetores; e a satisfação do desejo de felicidade, proteção e longa vida (desejo comum a todos os mortais). Em todos esses exemplos, o estímulo à formação dos grupos é de caráter religioso e mágico. Os membros de uma sociedade secreta não são necessariamente aparentados ou de idade similar, mas compartilham em comum experiências religiosas que levaram ao desenvolvimento de um culto de divindades específicas, que são encaradas como protetoras da sociedade, e à realização de ritos correspondentes.

Wach[62] faz uma bela descrição da importância dos ritos na organização social dos esquimós, orientando e significando a sociedade no seu todo:

> ESQUIMÓS — *Os esquimós dedicam-se à caça e à pesca. O ambiente ártico em que vivem lhes fornece escassamente os bens essenciais à vida: comida, vestuário, combustível. São obrigados a adaptar seu estilo de vida ao modelo determinado pelo seu meio ambiente. As mudanças de estação e a escolha de regiões para a caça obrigam-nos a contínuas migrações. Seu interesse vital em animais, tão essencial para a sua existência, reflete-se na mitologia, no culto, nas proibições, ritos e organização. Particularmente interessante é o culto da deusa do mar (Sedna), a guardiã dos animais marinhos, que é muito popular entre os esquimós do centro. Os numerosos espíritos, com que os esquimós, com sua fértil imaginação, povoam seu meio ambiente, devem ser constantemente aplacados, a fim de garantir sua cooperação na consecução do necessário suprimento de animais de caça. Os nativos acreditam que só se os adequados ritos propiciatórios forem observados é que as almas dos animais por eles mortos não perecerão, mas retornarão à terra em novos corpos. Amuletos eficazes e fórmulas mágicas são avidamente procurados. Um sistema de proibições muito rígido controla a atividade destes povos — como fixação em determinada localidade e alimentos. A caça satisfaz praticamente a todas as necessidades materiais dos esquimós; consequentemente, em sua maioria, as interdições visam aos espíritos ou à divindade protetora dos animais. Proibições rigorosas estabelecem separação rigorosa entre os produtos da terra e os do mar — "enquanto o povo está caçando focas na costa, ninguém deve lenhar madeira no interior". Outras proibições visam a prevenir a contaminação entre o peixe e outros animais (o caribu e o cavalo marinho não devem ser comidos no mesmo dia). A*

violação destas normas constitui séria ofensa. Os esquimós da península de Cumberland (ilha de Baffin) acreditam que alguém que faz pouco caso dos ritos religiosos constatará que à sua volta se formou uma espécie de névoa que repelirá de forma efetiva os mamíferos marinhos dos quais depende o seu sustento. Espera-se que o "angekok", o sacerdote esquimó, profeta, ou feiticeiro, que se comunica com os espíritos em sessões especiais, dê boa sorte e êxito ao caçador. Se o "angekok" for tão infeliz a ponto de faltar com seu dever religioso, ele é então punido de maneira apropriada. (p. 268-269)

Os ritos são elementos que ajudam os homens a organizar o seu tecido social; esquecê-los e deixar de praticá-los é o mesmo que perder a sua identidade e a sua história. Uma comunidade sem identidade e sem história passa a se constituir apenas num grupo ou ajuntamento de pessoas, no qual cada um irá valorizar mais as suas necessidades individuais em detrimento do coletivo.

Síntese

Segundo estudiosos da ciência da religião, ritos são regras de conduta que prescrevem como o homem deve se comportar, em relação tanto às coisas sagradas quanto às do seu cotidiano de vida. Por meio dos ritos, o homem expressa a sua relação com o transcendente. Os ritos são pontes que ligam o homem primeiro a si mesmo, depois ao próximo e, consequentemente, a Deus. Neste capítulo apresentamos a abordagem que esses estudiosos fizeram sobre os ritos, além de evidenciar a classificação destes e destacar alguns rituais.

Atividades de Autoavaliação

1 Referente aos ritos e à religião, julgue as afirmativas com (V) para verdadeiro e com (F) para falso:

( ) Ritos são regras que orientam a conduta dos homens perante o sagrado.

( ) Os símbolos presentes nos rituais tem a função de unir as realidades transcendentes com a imanente.

( ) Mauss afirmava a religião como algo intimamente ligado aos aspectos sobrenaturais.

( ) O animismo, segundo Tylor, originou-se da combinação do culto à natureza com os ritos mortuários.

Agora, assinale a alternativa que apresenta a sequência correta:

A) V, V, F, V

B) V, F, F, F

C) F, V, F, F

D) V, V, F, F

2 Os ritos são ações vinculadoras que ajudam o ser humano no seu processo de autoconhecimento e, consequentemente, de civilização. Sobre os ritos, a **única** questão correta é:

A) Ritos são pontes que ligam o homem a si mesmo, ao seu semelhante e, consequentemente, ao transcendente.

B) No rito, a ponte mais importante é a que liga a Deus.

C) No rito, é importante o processo de autoconhecimento, para que o homem possa sobreviver.

D) O rito orienta o homem para uma interação com o divino, única condição para ele se relacionar bem com o seu semelhante.

3 Sobre o objetivo dos ritos religiosos, é correto afirmar:

I. O homem primitivo associou o ciclo da natureza à sua vida, com a finalidade de compreendê-la melhor.

II. A perda da consciência e importância dos ritos religiosos em nossa vida transformou-nos em marionetes do sistema.

III.Os ritos de iniciação apresentam três características: a do sagrado, a da morte e a do numinoso.

IV.Os ritos de iniciação assinalam a ideia de morte para a vida anterior e renascimento para uma nova vida.

Assinale a alternativa correspondente:

A) Todos os itens estão corretos.

B) Somente os itens III e IV estão corretos.

C) Somente os itens II e III estão corretos.

D) Os itens I, II e IV estão corretos.

4 Quais das seguintes assertivas sobre o sentido funcional dos ritos estão corretas?

I. Os ritos de renovação estabelecem uma relação entre a fertilidade da mulher à da terra.

II. O sacrifício humano para antigas tradições religiosas tinha o objetivo de manter a harmonia do universo.

III. O cristianismo percebe os ritos como encontros de Deus com a sua criação.

IV. Nas sociedades africanas, alguns rituais praticados nas sociedades secretas tinham a finalidade de aumentar a fertilidade da terra para que não faltasse alimentos para a comunidade.

Assinale a alternativa correspondente:

A) Somente os itens I, II e III são corretos.

B) Somente os itens II, III e IV são corretos.

C) Somente os itens I, II e IV são corretos.

D) Todos os itens estão corretos.

5 Sobre os ritos nas comunidades, marque (V) para as afirmativas verdadeiras e (F) para as falsas:

( ) Os ritos têm a função de integrar a comunidade.

( ) Alguns rituais praticados nas sociedades secretas da África têm por finalidade única e exclusiva aumentar a fertilidade da terra e dos animais, para que não faltem alimentos.

( ) O sacerdote esquimó é chamado de *xamã*.

( ) Os povos primitivos praticavam os rituais de sacrifícios humanos com o objetivo de agradar aos deuses.

Agora, assinale a alternativa que apresenta a sequência correta:

A) V, V, F, V

B) V, F, F, F

C) V, V, V, V

D) V, V, F, F

Atividades de aprendizagem

Questões para reflexão

Elabore um texto em que as questões propostas a seguir façam parte da sua reflexão:

1 Destaque a importância dos ritos na vida dos fiéis.

2 Teça um comentário ao pensamento do Dalai Lama apresentado neste capítulo.

Atividade aplicada: prática

1 Entreviste pelo menos quatro pessoas com o objetivo de perceber a opinião delas sobre o papel dos ritos em suas vidas religiosas.

CINCO

A importância dos símbolos nas tradições religiosas

Símbolo é um termo de origem grega – *symbo-lon* – que na Grécia antiga era usado como sinal de identificação e reconhecimento, facilitando o encontro e a comunicação entre as pessoas. Nas religiões, o símbolo, além dessas funções, funciona como uma chave que abre portas para facilitar o processo de aprendizagem e consequente humanização. O simbolismo religioso é uma apresentação ritual da crença, posto que sintetiza no ritual religioso uma explicação da realidade e as regras que irão normatizar o comportamento das pessoas no grupo. Para facilitar a compreensão acadêmica dos símbolos, foi elaborada a classificação destes em: emblema, atributo, alegoria, metáfora, analogia, sintoma, síndrome, parábola e apólogo. Diante do imenso universo que é o campo da simbologia, optamos por trabalhar a simbologia animal, objetivando demonstrar a importância dos animais no processo de humanização dos homens.

5.1 Fundamentação

Geralmente, os gregos da Antiguidade usavam um selo que era partido ao meio e entregue a cada uma das partes: ao hóspede e ao indivíduo parceiro de negócios ou de empreitadas. Mais tarde, ao juntar as duas metades, eles reconheciam seus laços de hospitalidade, suas dívidas ou sua amizade. Os símbolos eram também, para os gregos, sinais de reconhecimento que permitiam aos pais reencontrar os filhos abandonados. Já no cristianismo dos primórdios, era usado como sinal de reconhecimento, por exemplo, o símbolo do peixe em forma de figura ou acróstico, por meio do qual as pessoas se identificavam como cristãos.

De maneira geral, o símbolo está associado, quanto à sua forma, aos sinais que apontam para uma coisa diferente, unindo o plano de percepção sensorial com o abstrato, metafísico; isto é, existe uma união entre o símbolo e o simbolizado. O símbolo diferencia-se essencialmente do signo por ser, este último, uma convenção arbitrária, que deixa o objeto alheio ao sujeito. O símbolo é pleno de realidades concretas; esvaziando-se o símbolo pela abstração, temos como resultado o signo. A arte, nesse caso, não pode ser considerada uma abstração, por evitar o signo e alimentar o símbolo. Algumas formulações dogmáticas de certas tradições religiosas são chamadas de *símbolos da fé*, que, na realidade, são signos de reconhecimento entre os fiéis e a expressão das verdades de sua fé. Essas verdades são de ordem transcendente e as palavras são empregadas, na maior parte das vezes, num sentido analógico; essas profissões de fé, porém, não são símbolos de modo algum, a menos que se esvaziassem os enunciados dogmáticos de toda significação própria e os reduzisse a mitos.

Existe um tipo de classificação de símbolos que nos ajuda a diferenciar a imagem simbólica das demais, já que na prática é difícil delimitar essas fronteiras. Pelo menos no campo teórico, é necessário que haja esta delimitação[17]:

- O **emblema** é uma figura visível elaborada convencionalmente para representar uma ideia, um ser biológico ou uma moral; por exemplo: a bandeira é o emblema da pátria, a coroa de louros, o da glória;

- O **atributo** corresponde a uma realidade ou imagem que serve de signo diferenciador de um personagem, uma coletividade ou um ser moral; por exemplo: as asas são o atributo de uma sociedade ou empresa de navegação aérea; a roda, de uma companhia ferroviária; a balança, da justiça. Escolhe-se um acessório característico para designar o todo;
- A **alegoria** é uma figuração que toma com maior frequência a forma humana, mas que por vezes pode tomar a forma de um animal ou de um vegetal, ou, ainda, a de um feito heroico, a de uma determinada situação, a de uma virtude ou a de um ser abstrato. Por exemplo: uma mulher alada é a alegoria da vitória e uma cornucópia é a alegoria da abundância;
- A **metáfora** desenvolve uma comparação entre dois seres ou duas situações, como, por exemplo, qualificar de dilúvio verbal a eloquência de um orador, ou dizer que Maria é uma flor – Maria é um ser humano, a flor é uma planta. Não significa que Maria seja uma planta, mas uma pessoa delicada, formosa, perfumada...;
- A **analogia** é uma relação entre seres ou noções diferentes em sua essência, mas semelhantes sob certo ponto de vista; a cólera de Deus, por exemplo, tem somente uma relação analógica com a cólera do homem. O raciocínio por analogia é fonte de inúmeros equívocos;
- O **sintoma** é uma modificação nas aparências ou funcionamento habituais, que pode revelar uma certa perturbação e um conflito;
- A **síndrome** é o conjunto de sintomas que caracterizam uma situação evolutiva e que pressagiam um futuro mais ou menos determinado;

- A **parábola** é um relato que possui sentido próprio, com o objetivo de sugerir, além desse sentido imediato, uma lição moral. Por exemplo: a parábola do semeador, na qual o mesmo tipo de grão cai sobre terrenos diferentes;
- O **apólogo** é uma fábula didática, uma ficção de moralistas, destinada, por meio de uma situação imaginária, a transmitir certo ensinamento.

Tais recursos simbólicos indicam a capacidade do homem de manusear as linguagens figurativas das mais variadas formas. Seja com um objetivo didático, seja com o intuito de se alcançar formas mais elaboradas e profundas de se transmitir um dada ideia, a presença dos símbolos na divulgação do conhecimento religioso é de impoderável relevância.

5.2 Símbolo e religião

A FORÇA DE UMA TRADIÇÃO religiosa reside na sua capacidade de organizar e conduzir o processo de humanização dos seus membros; o êxito desse processo depende também da capacidade de os símbolos adotados exprimirem a visão do mundo e dos valores a serem vivenciados. Em outras palavras, depende da simplicidade e da capacidade de comunicação dos símbolos. O homem é um animal que simboliza, conceitualiza e procura dar um sentido à sua existência. Mesmo compreendendo apenas parcialmente o símbolo, o homem, ao entrar em contato com ele, sente-se tocado, vivificado e com suas energias revigoradas. Para a psicologia humana, o símbolo representa uma imagem que contém dados conscientes e inconscientes. Ele é um elemento de ligação e de mediação entre os aspectos percebidos e conhecidos do homem, ou seja, o seu consciente e os aspectos desconhecidos do seu inconsciente. No nível inconsciente, a imagem simbólica se relaciona aos mistérios da vida com o inconcebível, ou inimaginável, e ao nível consciente ela se desvela, mostra-se, como um significado vivo que o ser humano pode perceber.

A observação da própria vida levou o homem à busca de sua origem e do significado de sua existência. Para que ele lembrasse sempre disso e não esquecesse de sua integração com o universo, passou a executar rituais que o mantivessem atento à sua vida interior e exterior. O homem encontrou em si mesmo a linguagem simbólica – o símbolo – como a melhor forma para a compreensão da sua vida, auxiliado pela religião.

A eficácia da religião depende da força e da clareza dos seus símbolos. O símbolo sagrado ajuda o homem a compreender as estruturas da realidade em que ele está inserido, situando-o e contextualizando-o nos processos da heterogeneidade da sua vida cotidiana. Quer sejam os símbolos sagrados uma proposição de fé, uma organização religiosa ou um ato litúrgico, eles assumem na vida diária a ideia, o conceito e a representação da realidade natural, do próprio homem e da sociedade com toda a sua dinamicidade, em que a crença e o rito religioso agem mutuamente, tornando o *ethos* (termo amplo que expressa o caráter cultural e social de um grupo) intelectualmente racional, para orientar o modo de vida do fiel no grupo. Daí encontrarmos nas tradições religiosas o que foi chamado de *a regra de ouro das religiões* – "não faças ao outro o que não queres que te façam" –, frase grandemente carregada de impacto e simbologia e que serve como fio condutor para a verdadeira convivência entre os homens.

No cristianismo, os símbolos estão associados ao conteúdo da fé e foram desenvolvidos a partir do livro sagrado – a *Bíblia* –, com suas narrativas, objetos cultuais, lugares de manifestação de Deus, ritos e antropomorfismos. A simbologia cristã coloca-se dentro da doutrina da Criação, da história da salvação e da percepção de mundo. É dentro desse horizonte que toda política concernente à vida humana sobre a Terra pode ser elaborada de maneira significativa. É essa a verdadeira base da existência ética e espiritual do cristão.

5.3 Simbolismo animal

Os animais foram os primeiros mestres dos homens. Nos primórdios da civilização, aprendemos com eles, observando-os e imitando-os: das suas formas de defesa, aprendemos a nos preservar dos nossos inimigos; da sua maneira de construir seus abrigos, aprendemos a nos proteger das intempéries da natureza e a construir nossas habitações; da maneira de adquirir seus proventos, aprendemos e desenvolvemos as técnicas de caça, pesca e cultivo dos nossos alimentos. Posteriormente, no entanto, desenvolvemos ideias de superioridade e a nossa relação com os aimais mudou radicalmente. Ainda temos muito a aprender com eles, se resgatarmos os elos perdidos, apesar de o mundo dos dois serem diferentes. O mundo do animal é um mundo construído, onde ele vive um presente eterno, seu mundo lhe basta e satisfaz; já o mundo do homem é um mundo em construção, pois não nos contentamos com o estabelecido, sonhamos, simbolizamos e queremos mudar. Nosso mundo está em constante movimento e construção, num eterno futuro. Essa ânsia de mudança e renovação é, às vezes, drástica e desequilibradora. Destruímos a paz do nosso mundo e a dos animais, causando a extinção de algumas espécies; desequilibramos inclusive a harmonia com nós mesmos e com o que está à nossa volta.

A nossa história de vida está repleta da participação dos animais, algumas vezes de forma positiva, outras, de maneira negativa. Basta analisarmos os mitos e as lendas presentes nas culturas para confirmarmos essa constatação.

Para compreendermos com mais amplitude a importância dos animais no processo de civilização da humanidade e da complexidade da simbologia associada a eles, transcrevemos a seguir as simbologias do búfalo, do touro e da vaca, trabalhadas por Jean-Paul Ronecker[53] na obra O *simbolismo animal*:

O Búfalo

À diferença do touro, o boi é símbolo de bondade, de calma e de força tranquila. Ele o é também de "força de trabalho e de sacrifício", escreve Mgr. Devoucoux, quando fala do boi da visão de Ezequiel e do Apocalipse. Notemos, contudo, que boi e touro nem sempre se distinguem, podendo um ser tomado por outro. Somente se distinguem por alguns aspectos de suas simbólicas.

Entre nós, o boi está ligado à agricultura e à aração; o mesmo se pode dizer do búfalo na Ásia oriental. Os dois servem de montaria para os sábios, particularmente para Lao-Tse em suas viagens para as marcas do Oeste. A mansidão, o desapego e a força tranquila que emanam desses animais os predestinam, se assim podemos dizer, para assumir esse papel.

O búfalo é associado às vezes à morte. Assim, na iconogafia hindu, é, ao mesmo tempo, montaria e emblema de Yama, divindade da Morte. No

Tibete, o espírito da morte é dotado de cabeça de búfalo. Todavia, entre os gelugpas, o bodhisattva Manjushri, destruidor da morte, é representado com uma cabeça de búfalo. A associação do búfalo à morte não é talvez sem relação com sua preferência pelos pântanos e pela umidade, por causa do calor e da seca. Outrossim, na Índia, às vezes é sacrificado um búfalo no fim da estação chuvosa.

O búfalo poderia, pois, ser animal lunar, da mesma forma que o boi, o que parece vir confirmado pelo caráter desses animais. A esse respeito, notemos que, em uma miniatura do Hortus deliciarum de Herrade de Landsberg, o carro do Sol é puxado por cavalos, e o da Lua, por búfalos.

O boi era animal sagrado na Grécia antiga, onde muitas vezes era sacrificado às divindades (a hecatombe era o sacrifício de cem bois). Apolo tinha seus bois, os quais foram roubados por Hermes; este, para ser perdoado de seu roubo sacrílego, precisou dar a Apolo a lira que havia criado e que era confeccionada de pele e nervos de boi, estendidos em uma carapaça de tartaruga.

O Sol também tinha seus bois, de brancura imaculada e providos de chifres dourados. É, sem dúvida, por esse caráter sagrado e por suas relações com os ritos religiosos que o boi é também símbolo do sacerdote. O Pseudo-Dionísio Areopagita resumiu bem o simbolismo místico do boi: "A figura do boi marca a força e o poder, o poder de rasgar sulcos intelectuais para receber as chuvas fecundas do céu, ao passo que os cornos simbolizam a força conservadora e invencível."

O Búfalo, segundo signo da astrologia chinesa, é o único que tem características semelhantes à de seu equivalente ocidental, o touro. Isso parece ser simples coincidência, porque se o Touro representa o mês de abril, o Búfalo corresponde ao segundo ano do grande ciclo de doze anos. O Búfalo simboliza a seriedade, a tenacidade, o vigor e a constância. Caracteriza-se também por uma vontade obstinada em levar avante seus empreendimentos e em atingir seus objetivos, tanto no tempo como no espaço.

Ademais, o Búfalo ocupa lugar à parte no calendário anual chinês, porque é posto sempre na primeira página. Segundo uma crença antiga, a posição do Búfalo e as vestes do homem que o conduz, desenhadas em função de cálculos astronômicos, indicam o tempo e a colheita do ano. Essa imagem vem de antigo costume segundo o qual o imperador, no começo da primavera, deve ir com sua corte a um campo e abrir os três primeiros sulcos da nova estação. Esse rito está sempre em vigor na Tailândia. Antigamente, depois da cerimônia da aração, cereais eram apresentados a búfalos sagrados, e o costume exigia que a escolha dos animais indicasse as sementes que deveriam ser plantadas na nova estação.

O TOURO E A VACA

Se o boi simboliza a força tranquila, com o touro mudamos totalmente de registro. Evoca antes de tudo a ideia de poder e de ímpeto irresistíveis. A maior parte dos touros celestes corresponde a esse perfil. Mas o simbolismo desse animal não se limita a isso, e é muito mais vasto e complexo.

Na Grécia antiga, os touros selvagens simbolizam o desencadeamento da violência. Geralmente simbolizam mais a força viril criadora. A arte grega representa o herói semideus Hércules como um campeão de pescoço de touro; várias razões levam a identificá-lo com o semideus Dioniso de Delfos, que tinha por emblema um touro branco. Foi na forma de grande touro branco que Zeus raptou Europa para seduzi-la. Os touros eram consagrados a Posídon, deus dos Oceanos, das Tempestades e dos Tremores da terra ("Aquele que abala a terra"), e também a Dionisio, deus da virilidade fecundante. Por sua fecundidade infatigável e anárquica, semelhante à do deus do Céu, Urano, o touro (e geralmente o bovino) é a expressão dos deuses celestes das regiões indo-europeias. Na índia, o deus celeste Indra é assemelhado a um touro, e os deuses do Irã e do Oriente Próximo que lhe correspondem são comparados ao carneiro (áries) ou ao bode.

O touro Indra simboliza a força ardorosa e fecundante, fertilizante; ele se liga ao complexo simbólico da fecundidade: como no céu, água, chuva, raio etc.

[...]

Isso é verdade também para os chifres dos cervídeos. Os cornos são símbolo de regenerescência e de crescimento tanto espiritual como físico. Ademais, têm duplo simbolismo sexual: exteriormente, por sua forma e sua rigidez, o corno representa o princípio masculino, o falo em ereção, prestes a ejacular o esperma que dá a vida; interiormente, por sua abertura na forma de receptáculo, representa o princípio feminino, a vagina, que é o receptáculo da vida para a criação no interior da matriz.

Encontramos essas atribuições entre os celtas, entre os quais o touro, se pode ser símbolo da morte violenta dos guerreiros, é também animal lunar, atributo primitivo da Deusa-mãe [...]. *Representa a força temporal, sexual, a fecundidade de natureza; e é ainda o símbolo das sociedades agrícolas, que sucederam às sociedades nômades e de caçadores, representadas pelo cervo.* [...]

A associação do touro à Lua, à feminidade, à Deusa-mãe e à fertilidade ligou-o igualmente à água, à chuva e à tempestade (desde 2400 antes de nossa era, o touro e o raio foram símbolos conjugados de divindades atmosféricas). Assim, tanto na Ásia central como na Sibéria encontra-se a crença em um touro aquático, dissimulado no fundo de um lago e que muge (o mugido do touro foi associado ou assemelhado, nas culturas arcaicas, ao trovão e à tempestade).

Outro aspecto interessante do simbolismo do touro é o que o torna – especialmente entre os povos altaicos e nas tradições islâmicas – um cosmóforo, um suporte da criação. Assim é com o touro védico Vrishabha, que é "o suporte do mundo manifestado; aquele que, do centro imóvel, põe em movimento a roda cósmica". Papel semelhante é concedido, entre os ameríndios sioux, ao bisão primordial.

Segundo um mito islâmico, Kuyata é um imenso touro dotado de nada menos que quatro mil olhos, quatro mil orelhas e outro tanto de narizes, bocas, línguas e patas. [...]

Se o touro simboliza a força vital, não se deve esquecer que a morte está indissoluvelmente ligada à vida; é, pois, natural encontrar nesse animal um aspecto fúnebre [...]. Os exemplos que ligam o touro à morte são muitos. Dissemos que entre os celtas ele podia simbolizar a morte violenta dos guerreiros; e na Gália são conhecidas representações de um touro com três chifres, o qual, sem dúvida, é antigo símbolo guerreiro (o terceiro chifre seria o equivalente do que, na Irlanda, é chamado lon laith ou "lua do herói", que é uma espécie de aura sangrenta, jorrando do alto da cabeça do herói em estado de excitação guerreira).

No Egito antigo, o touro com um disco solar entre os chifres não é só símbolo da força fecundante, mas também divindade funerária associada ao deus Osíris e aos seus renascimentos. Seus funerais eram celebrados em Mênfis com grande pompa, sendo trazidas oferendas de todo o Egito. Apenas desaparecido, esse touro sagrado, Ápis, renascia sob outro invólucro e era reconhecido em seus renascimentos pela mancha preta na cabeça, no pescoço e na pelagem branca do dorso. Há também pinturas que *representam um touro negro com os despojos de Osíris no dorso.* [...] *Em geral, a vaca, enquanto produtora de leite, é o símbolo vivo da Terra-nutris. Esse simbolismo é difundido e assemelhou a vaca a uma divindade, como é o caso nos hinos védicos:*

"... nela reside a Ordem divina, A Santidade, o Ardor cósmico. Sim, a Vaca faz viver os Deuses, a Vaca faz viver os homens." [...]

Na mitologia egípcia, a vaca Ahet era a mãe do Sol. A origem da manifestação. Nos mistérios de Osíris, o corpo do deus era posto em uma vaca de madeira e ressuscitava, renascendo das gestações dela. Ísis, a deusa de mil nomes, foi representada por uma vaca. Mas o elemento mais importante a esse respeito é, sem nenhuma dúvida, a deusa Hathor, que resume em si os diferentes aspectos do símbolo da vaca, ela que é a Vaca celeste.

"Ela é a fertilidade, a riqueza, a renovação, a Mãe, a mãe celeste do Sol, jovem vitela de boca pura, esposa também do Sol, touro de sua mãe."
(p. 288-295)

As transcrições acima reforçam a importância dos animais na vida dos homens. Com eles aprendemos a nos proteger das intempéries da natureza; observando-os, aprendemos técnicas de caça e pesca, de defesas e de construção, tanto das nossas habitações como das estradas. Eles facilitaram nossa vida quando os domesticamos; muitos passaram a nos auxiliar nos afazeres do cotidiano, outros se tornaram fontes de alimentação. Porém, o nosso processo de racionalização nos afastou desses seres – a partir da ideia da superioridade, passamos a vê-los apenas como um elemento útil para a nossa existência e perdemos a dimensão da partilha. Não se pode esquecer que o ser humano é também animal, um animal simbólico.

Síntese

Neste capítulo fizemos a abordagem dos símbolos, elemento de grande importância para o nosso processo civilizatório. O símbolo é uma ferramenta que facilita a compreensão da vida e a nossa participação neste mundo de grandes complexidades. Nas tradições religiosas, os símbolos facilitam o processo de apreensão do conhecimento produzido, cujo objetivo é tornar a vida mais fácil de ser vivida. Diante da amplitude das simbologias, optamos por abordar neste capítulo a simbologia animal, presente em todas as tradições religiosas, já que somos naturalmente animais simbólicos.

Atividades de Autoavaliação

1 Referente aos símbolos, julgue as afirmativas a seguir marcando (V) para verdadeiro ou (F) para falso:

( ) Símbolo e signo são idênticos e complementares.

( ) O emblema é uma figura visível elaborada convencionalmente para representar uma ideia, um ser biológico ou uma moral, por exemplo: asas representando o atributo de uma sociedade ou empresa de navegação aérea.

( ) A metáfora desenvolve uma comparação entre dois seres ou duas situações como, por exemplo, a cólera de Deus em relação à cólera do homem.

( ) O apólogo é uma fábula, uma ficção, que tem por objetivo transmitir algum ensinamento por meio de uma situação imaginária.

Agora, assinale a alternativa que apresenta a sequência correta:

A) V, F, F, V

B) V, F, F, F

C) V, V, F, V

D) F, F, F, V

2 Sobre símbolo e religião, julgue verdadeiras (V) ou falsas (F) as afirmativas a seguir:

( ) O simbolismo religioso é uma apresentação ritual da liturgia, pois sintetiza no ritual religioso uma explicação da realidade e as regras que irão normatizar o comportamento das pessoas no grupo.

( ) Os rituais religiosos são ferramentas que ajudam o homem no processo de autoconhecimento.

( ) No cristianismo, o símbolo está associado ao conteúdo da fé e foi desenvolvido a partir da *Bíblia*, das tradições, doutrinas e dogmas sagrados.

( ) No nível inconsciente, a imagem simbólica se relaciona aos mistérios da vida com o concebível, ou inimaginável; e ao nível do inconsciente se desvela, mostra-se, como um significado vivo que o ser humano pode perceber.

Agora, assinale a alternativa que apresenta a sequência correta:

A) F, V, F, F

B) V, F, F, F

C) V, V, F, V

D) F, F, F, V

3 Referente à simbologia animal, julgue verdadeiras (V) ou falsas (F) as afirmativas a seguir:

( ) Na mitologia egípcia, a vaca Ahet era a mãe da Lua.

( ) O búfalo é associado, às vezes, à morte.

( ) O búfalo simboliza a seriedade, a tenacidade, o vigor e a constância.

( ) Os cornos são símbolo de regenerescência e de estabilidade tanto espiritual como física.

Agora, assinale a alternativa que apresenta a sequência correta:

A) F, V, F, F

B) V, F, F, F

C) V, V, F, V

D) F, V, V, F

4 Entre as afirmativas a seguir, quais são verdadeiras (V) e quais são falsas (F)?

( ) O boi era um animal tido como sagrado na Grécia antiga, onde muitas vezes era sacrificado às divindades (a hecatombe era o sacrifício de cem bois). Apolo tinha seus bois, os quais foram roubados por Prometeu; este, para ser perdoado de seu roubo sacrílego, precisou dar a Apolo a lira que havia criado e que era confeccionada de pele e nervos de bufálo, estendidos em uma carapaça de tartaruga.

( ) Os chifres têm o sentido de eminência ou elevação e evocam a inviolabilidade, a origem divina e espiritual, oposta ao poder temporal.

( ) O chifre do carneiro (aríete) tem o caráter solar e masculino, o chifre da vaca é de caráter lunar e feminino (o crescente da Lua é comparado muitas vezes ao corno e a Deusa-mãe é associada à vaca).

( ) O mundo do animais é um mundo em permanente construção, o dos homens é o mundo construído por Deus.

Agora, assinale a alternativa que apresenta a sequência correta:

A) F, V, F, V
B) F, F, F, V
C) V, V, F, F
D) F, V, F, F

5 Sobre o símbolo e sua classificação, julgue verdadeiras (V) ou falsas (F) as afirmativas a seguir:

( ) Uma lição moral é um apólogo.
( ) A cólera de Deus é um sintoma.
( ) A bandeira é um emblema.
( ) Uma mulher alada é uma metáfora.

Agora, assinale a alternativa que apresenta a sequência correta:

A) F, F, V, F
B) V, F, F, F
C) V, V, F, V
D) F, F, F, V

Atividades de Aprendizagem

Questões para Reflexão

Elabore um texto em que os temas propostos a seguir façam parte da sua reflexão:

1 O relacionamento entre homens e animais, ontem e hoje.

2 A importância do símbolo na vida do homem.

Atividade Aplicada: Prática

1 Escolha uma peça publicitária que esteja sendo veiculada atualmente nos meios de comunicação, destaque os símbolos nela presentes e aponte a sua força de convencimento.

Seis

Ética e comunidade

Comunidade é um termo que pode ser entendido em duas perspectivas: a sociológica e a religiosa. Entre elas há pontos comuns, como o fato de constituírem um agrupamento de pessoas vivendo em conjunto e regidos por normas coletivas que garantem o funcionamento do grupo. Na perspectiva religiosa, a diferença é que o conjunto de normas que orientam o comportamento das pessoas é fundamentado a partir do corpo doutrinal da tradição religiosa. **Ética** é o estudo dos princípios e comportamentos morais e da natureza do bem.

O termo *ética* é oriundo do radical grego *ethos*, que significa "costume" e "caráter". A ética é um dos componentes usados pelas tradições religiosas no processo de civilização das pessoas, pois ela aponta caminhos e perspectivas de vida a serem seguidos. A ética, por ser uma construção humana, está adequada ao momento histórico das organizações sociais e se encontra em um processo constante de aperfeiçoamento e renovação, assim como a sociedade. As mudanças, aliadas ao afastamento das antigas sabedorias, geram situações de desequilíbrio como as que verificamos atualmente. No entanto, o homem – como um ser de liberdade – tem imensa capacidade de regeneração, mesmo diante do estado de degradação nos âmbitos sociais, políticos, religiosos, econômicos e ambientais em que se encontra a humanidade.

6.1 Comunidade

Abbagnano[1] afirma que, na área da filosofia, o termo *comunidade* foi usado por Schleiermacher para indicar a forma de organização da vida social de um grupo, objetivando uma perfeita harmonia entre seus membros.

Abbagnano[1] esclarece também que Ferdinando Tonnies, em sua obra intitulada *Comunidade e sociedade*, afirmava que "tudo o que é confiante, íntimo, vivendo exclusivamente em conjunto, compreende-se como a vida em comunidade" (p. 150). Para Tonnies, a sociedade consiste no que é público; ela é o mundo, enfim. Vivemos em comunidade com os outros desde o nosso nascimento, estamos ligados ao outro no bem e no mal. A sociedade é uma terra estranha em que somos obrigados a viver.

De acordo com Tonnies, ainda na obra de Abbagnano[1], uma comunidade pode ser boa ou má, dependendo do nível de ideal vivenciado pelos seus membros. A partir de Weber e Durkheim, de acordo com Usarski[60], esse significado foi transformado pela sociologia contemporânea para a distinção entre relações de tipo **localista** e relações de tipo **cosmopolita**, ou seja, uma distinção puramente descritiva entre comportamentos vinculados à comunidade restrita em que se vive e comportamentos orientados ou abertos para uma sociedade mais ampla.

Na área da ciência da religião, a comunidade é constituída de pessoas que partilham mesma crença, mesmos ideais, princípios comuns e herança cultural e religiosa idênticas. Se essas pessoas vivem sob a mesma regra ou constituição religiosa, formam comunidades de **consagrados**.

A comunidade alicerça-se no homem, percebido na sua totalidade, e a força da comunidade reside no interesse e na motivação coletiva, superando as vontades individuais. Comunidade é a totalidade de sentimentos e pensamentos, de tradição e compromisso de querer atingir os objetivos e ideais que o coletivo aspira e projeta. O modelo da comunidade, tanto no aspecto histórico como simbólico, é a família; é a partir desse modelo que a dinâmica da comunidade é posta em ação.

6.2 Ética

A ÉTICA PODE SER DIVIDIDA em **ética normativa**, que indica os princípios da conduta correta, e **metaética**, que norteia a fundamentação e a aplicação de conceitos como *certo* e *errado*, *bem* e *mal*. Na filosofia, a metaética vem conquistando espaços maiores que a ética normativa, tanto que, nos dois últimos séculos, as teorias elaboradas pouco acrescentaram sobre o agir, mas questionaram bastante o papel da ética na vida, os fundamentos lógicos e a validade de determinados sistemas éticos.

A metaética fundamenta-se no pensamento de Sócrates e Platão, que investigaram a natureza da bondade. O pensamento filosófico grego abordava a ética a partir do princípio da virtude, objetivando orientar a vida bem-vivida. O judaísmo e o cristianismo, por sua vez, compreendem a ética como uma adequação à harmonia universal e à vontade de Deus.

No século XVIII, como atesta Abbagnano[1], Immanuel Kant ampliou a abordagem da metaética com a tese do imperativo categórico, princípio ético absoluto e universal que lançou as bases para a legitimidade da moralidade. As teorias metaéticas contemporâneas frequentemente negam o caráter legítimo da moralidade, por se acreditar que a classe dominante impõe suas crenças e valores para toda a sociedade. No entanto, outros teóricos afirmam que a validade ética ocorre na interação social, que substitui a vontade de Deus ou outro bem supremo abstrato. A maioria dos sistemas teóricos entende a conduta ética como realização pessoal (no sentido de procura do bem) e da obrigação para com os outros e/ou para com os princípios aceitos (preocupação com a justiça).

Nenhum grupo social pode prescindir de regras – sem elas, a vida em grupo fica bastante difícil. Um grupo sem regras é um grupo desorganizado, sem limites e ordem, no qual indivíduos se acham no direito de fazer suas próprias regras e leis. As organizações religiosas primam por regras e normas que, pela sua característica de transcendência, obrigam os fiéis a observá-las e cumpri-las, sob o risco de serem excluídos da comunidade por comprometer o equilíbrio organizacional delas e a sua própria salvação. A salvação, para ser alcançada, possui regras que devem ser observadas, como um caminho espiritual a ser seguido e um comportamento a ser adotado. No processo de racionalização religiosa, essa questão é um dado social peculiar. Quanto menos racionalizada for a tradição religiosa, mais rígidas serão as normas disciplinares. Assim, formam-se comunidades mais resistentes às mudanças, seus mecanismos de controle disciplinar apoiam-se na prática ética, detalhando as normas e promovendo uma publicidade intensa do comportamento religioso que o fiel deve ter.

À medida que a tradição religiosa avança no seu processo de institucionalização, as regras vão passando por um processo de depuração e aperfeiçoamento racional. Os fundamentos da fé (que é a base da ética) são reinterpretados e a comunidade em crescimento vai perdendo o controle direto sobre o comportamento dos seus membros, necessitando reordenar as normas de vida. Para que para não se perca a sua eficácia, a comunidade religiosa tenderá a formular os seus preceitos de maneira mais universal, sintética e segura do ponto de vista da coerência racional.

O discurso ético assume um caráter abstrato e individualista, por pretender atingir os vários segmentos do grupo social que compõe a comunidade, evitando discursos que gerem opções sociais e políticas definidas, cuidando para que a diversidade social e cultural seja resguardada. Para Max Weber, como afirma Usarski[60], as instituições religiosas racionalizadas, devido à sua força e influência na sociedade, tendem a produzir um discurso ético que favoreça o equilíbrio e a estabilidade de todos. A partir de tal argumento, é possível entendermos a importância das grandes tradições religiosas nas sociedades em que estão inseridas. A influência delas reside na sua força moral e política e no acúmulo das experiências de que são portadoras. Esse é o aspecto positivo da tradição – a sua história lhe dá subsídios para saber atuar e influenciar a sociedade. O aspecto negativo é o risco de conservadorismo que pode afetar a tradição, tornando-a resistente às mudanças históricas.

6.3
A ÉTICA NAS RELIGIÕES

POR SER A ÉTICA A base do comportamento humano e as tradições religiosas terem por objetivo maior ajudar o homem no seu processo de civilização, tais tradições sempre elaboram códigos de leis com o objetivo de facilitar a vida em grupo.

A ética judaica, fundada no mandamento "amarás o próximo por ser ele igual a ti", prega a unidade da humanidade, exigindo respeito e consideração para com a vida, a saúde e os poderes e propriedades do outro, proibindo injuriar de qualquer maneira o semelhante, por ser a honra do próximo tão sagrada como a própria. Ordena o respeito à alteridade para com todas as tradições religiosas, seus símbolos, ritos e crenças; orienta a prática da caridade para com todos os seres e a da compaixão pelos que sofrem; incita ao respeito pelo trabalho, por ser uma via para alcançarmos a bênção da vida, mediante nosso esforço e capacidade de colocar em prática nossa atividade criadora.

Já a ética cristã afirma que a ética individual deve ser compreendida a partir de uma ética normativa, apresentada pela tradição. A estrutura da teologia moral católica é determinada pela crença na bondade do homem e do mundo como criação de Deus, mesmo depois do pecado original. A salvação pode e deve ser alcançada numa vida dentro deste mundo, pois ela ultrapassa os limites deste; não no sentido de deixar para trás de si ou de negar as regras deste mundo, mas de alcançar a felicidade eterna.

Por outro lado, a ética hindu varia de acordo com a casta à qual o indivíduo pertença, pois a crença na reencarnação afirma que o espírito é criado simples e ignorante. O indivíduo precisa evoluir atingindo a sapiência final, que só é adquirida pelas sucessivas vidas e pelos aprendizados adquiridos. Não existe uma igualdade natural entre os humanos. A casta a que se pertence é o referencial, cada uma tem seus direitos e deveres. Cada indivíduo realiza a sua evolução, segundo a doutrina do carma, dentro do seu estado encarnatório (castas). A religião hindu detém uma variedade doutrinal, ritual e ética muito ampla. A palavra *hinduísmo* é um termo que podemos comparar a um amplo guarda-chuva, pois abriga em seu interior uma grande diversidade daquilo que em nossa cultura chamamos de *igreja*. Por isso, alertamos que falar de doutrina, ritos e ética dentro dessa tradição não é tarefa fácil, e o que apresentamos nesta obra é apenas a "ponta do *iceberg*".

Nas religiões africanas, a ética está ligada à concepção de vida como bem supremo a ser respeitado incondicionalmente. A vida é sacralizada, é criação de Deus e chega ao indivíduo através dos antepassados, dos parentes ou membros do clã falecidos, bem como por meio dos vivos na família e na comunidade. A procriação biológica (o fato do parentesco sanguíneo) não é a base da ética africana. O mais importante é a relação entre as pessoas da comunidade, por ser esta uma instituição também divina, em função dos antepassados.

O comportamento de cada membro pode influenciar os outros de modo positivo ou negativo e, assim, promover ou diminuir a vitalidade de toda a comunidade. O bom ou o mau deve ser julgado de acordo com suas ações, o que se aplica também a todo estranho, porque a sua vida e sua vitalidade é uma dádiva de Deus e, por isso, ele deve ser acolhido e respeitado. A ética do clã inclui a comunidade dos antepassados: no culto aos ancestrais, existe uma inter-relação, as pessoas vivas fortalecem a vida dos membros falecidos de sua família e do seu clã, e os falecidos influenciam a vida dos vivos no bom ou mau sentido, dependendo de como os vivos se relacionam com seus antepassados. Essa ética é antropocêntrica, mas não exclui Deus. Se Ele é o princípio de tudo, toda falta cometida contra o ser humano volta-se contra Ele, tornando-se pecado.

A ética africana não reduz o indivíduo ao coletivo, a essência de cada indivíduo é mantida e respeitada, o indivíduo sempre precisa refletir sobre o que é útil a ele e à comunidade, o que pode fazê-lo participar da comunhão "escatológica" com os ancestrais ou não. Na escatologia africana existe uma espécie de recompensa e castigo no além: quem viveu de acordo com os princípios éticos torna-se um antepassado bom e sobrevive feliz nos descendentes, caso contrário, é temido e excluído da verdadeira veneração dos ancestrais.

Já a ética budista apoia-se nas quatro nobres verdades que descrevem o caminho para a superação do sofrimento e consequente iluminação. Ser ético, para o budista, é estar comprometido com a busca e a construção da paz e da justiça, é praticar a não-violência com qualquer ser vivo.

Por sua vez, a ética islâmica fundamenta-se no seu texto sagrado, o *Alcorão*. Nos manuais da fina educação e do direito, existem elementos das tradições islâmicas, dos costumes e da prática jurídica. Honradez e Justiça caracterizam o comportamento ideal de cada indivíduo; portanto, é proibido mentir, apossar-se da propriedade dos outros de maneira fraudulenta, não assistir e proteger os órfãos, ficar rico a partir da usura, trapaceando na área econômica. O fiel deve desenvolver a humildade, evitar a arrogância, a fanfarronice e a petulância, cuidar da sua alimentação, evitando comer carne de porco, ingerir bebida alcoólica e praticar jogos de azar. As crianças são educadas desde pequenas dentro desses princípios éticos, com o objetivo de saber controlar seus impulsos. Elas recebem orientações para uma vida ética, evitando serem esbanjadoras, avarentas e contendo seus acessos de ira. Devem ser indulgentes e saber refrear suas inclinações pessoais. A ética islâmica recomenda uma ordem social e econômica dirigida para o bem-estar de todos, a qual em parte é garantida pelos impostos sociais que os fiéis recolhem.

6.4 A ÉTICA HOJE

KAREN ARMSTRONG[4], PESQUISADORA INGLESA, DESCREVEU como a percepção de Deus muda ao longo da história e da evolução da humanidade. Nas primeiras civilizações, temos um Deus com todas as características do homem do tempo histórico a que pertence, e, à medida que o homem vai se civilizando, a ideia de Deus sofre transformações. O mesmo acontece com a ética, que, por fazer parte do universo humano, está sujeita às mudanças históricas. O mundo atual é o resultado de um processo desenvolvido ao longo da história da humanidade, que demonstra a perda progressiva da dimensão ética do cuidado com a terra, com o outro e conosco mesmo. O período medieval, com suas construções epistemológicas, foi o ponto de partida dessa perda; seu modelo epistemológico-doutrinal de negação do pecado e da culpa marcou este mundo.

6.4.1 A PERDA DO CUIDADO COM A TERRA

O coroamento das ideias que efetivamente contribuíram para a "perda do cuidado" ocorreu a partir do final do século XIII. A vida social encontrava-se caótica: houve uma grande peste que estava a dizimar a população européia, além da ameaça real de a Europa ser dominada pelos exércitos turcos, bem como guerras por toda parte, de natureza religiosa ou não, além de pobreza, fome, doenças infecciosas, bruxas, judeus, hereges, revoltas de camponeses. Nesses tempos de caos, a Igreja, em vez de tentar tranquilizar os fiéis, empenhou-se em aumentar o pânico com uma insistência, uma violência e às vezes, um sadismo surpreendentes.

Como relata Kempis[35], os métodos utilizados foram inúmeros – entre eles, a edição de um livro intitulado *A imitação de Cristo*, que justificava a dessacralização da terra e da natureza, ao conter em suas páginas conteúdos como: "é realmente uma grande miséria viver na face da Terra". Esse tipo de afirmação influenciou todo um pensar teológico sobre a ideia do homem e sua missão, criando-se uma pedagogia de distanciamento do mundo e exaltação da morte. A partir do século XI, essa pedagogia assolou o Ocidente. Em um dos seus sermões, Santo Anselmo dedicava-se a descrever a carne do cadáver e seu apodrecimento, quando afirmava que: "Amaste o conde Allain Le Proux, e ele te amou. Onde está ele agora? Vai deitar-te no leito onde ele doravante jaz, recolhe seus vermes sobre teu seio, abraça o cadáver dele, beija seus dentes desnudados, pois seus lábios foram corroídos pela podridão"[27] (p. 25).

Outra exaltação que muito contribuiu para a perda do sentido do cuidado foi o discurso da teologia enfatizando a negação do corpo, utilizando-se, para tanto, da doutrina do pecado. As listas de pecados nesse período foram inflacionadas, o ódio ao sexo e ao corpo eram tais que os penitenciais (livros que continham um roteiro de confissão utilizado pelos padres) consideravam que um homem muito apaixonado por sua esposa era culpado de adultério. Apenas para o sexo, contavam-se dezesseis espécies de pecado, posto que o ato sexual era considerado pecaminoso por estar vinculado ao corpo, fonte de todos os pecados. Aliás, todos os nossos atos, sob esse ponto de vista, eram tidos como maus. Os pais comunicam não a vida, mas o pecado, como uma mãe leprosa que contamina o seu filho no seu próprio ventre. Mais que em território católico, a pastoral protestante transitava pelos sermões, e estes sermões não perdiam em nada para os fervorosos discursos dos católicos.

As pessoas da Idade Média eram de uma sensibilidade extrema. Estavam como que neurotizadas pela abominável "pastoral do medo". A loucura se multiplicava e assumia proporções alarmantes, a "doença do excesso de escrúpulo" levava a comportamentos insensatos. Os padres missionários a reforçavam fazendo um teatro de horror – mostravam caixões, caveiras, organizavam procissões de flagelantes que mutilavam o corpo com chicotadas, uivavam, choravam, caíam em síncopes, em transes, celebravam missas nos cemitérios e repetiam, a todo instante, o sofrimento que as almas enfrentam no inferno.

Toda a teologia medieval enfatizava a negação do corpo e considerava o mundo como um local de exílio e sofrimento, afirmando que a verdadeira pátria dos homens era o céu e não mais a Terra, como afirmavam as antigas tradições religiosas. Esse discurso contribuiu para que a Terra perdesse a sua condição de sacralidade, o que incentivou a sua exploração desenfreada, resultando na primeira perda de cuidado.

6.4.2
A PERDA DO CUIDADO COM O PRÓXIMO

Esse mundo construído na Idade Média tornou-se alicerce para o subsequente, que será fortemente marcado pela perda do cuidado com o outro, acentuada pelo desenvolvimento do capitalismo e pela Revolução Industrial iniciada na Inglaterra em meados dos século XVIII e que logo se propagou para outros países. Essa revolução se deve ao desenvolvimento tecnológico, que gerou um processo de industrialização dos meios de produção causado pelo progresso da ciência.

A Revolução Industrial alterou a relação das pessoas entre si, pois, se num sistema de manufatura há um equilíbrio entre a oferta e a procura, com a criação das máquinas, esse equilíbrio foi quebrado, pois os produtos manufaturados demoram a ser produzidos, a oferta superou a procura, o que alterou a estrutura do mercado, que passou a desenvolver estratégias de consumo para que houvesse o escoamento dos produtos. Essa situação se refletiu nas relações das pessoas. Nesse novo modelo, o "outro" deixa de ser um companheiro de caminhada e de comunidade para se tornar um competidor, aquele que ameaça e procura a todo momento ocupar o espaço profissional, social e comunitário de outrem. Tal modelo provocou profundas mudanças no tecido social, como destaca Boff[8]:

> *Atualmente, quase todas as sociedades estão enfermas. Produzem má qualidade de vida para todos, seres humanos e demais seres da natureza. E não poderia ser diferente, pois estão assentadas sobre o modo de ser do trabalho entendido como dominação e exploração da natureza e da força do trabalhador. À exceção de sociedades originárias como aquelas dos indígenas e de outras minorias no sudeste da Ásia, da Oceania e do Ártico, todas são reféns de um tipo de desenvolvimento que apenas atende as necessidades de uma parte da humanidade (os países industrializados), deixando os demais na carência, quando não diretamente na fome e na miséria. Somos uma espécie que se mostrou capaz de oprimir e massacrar seus próprios irmãos e irmãs da forma mais cruel e sem piedade.* (p. 136-137)

Como vivemos na cultura da culpa, poderíamos facilmente identificar a raiz dos problemas atuais nos modelos de desenvolvimento industrial; mas não devemos demonizar a história, assim como não podemos assumir a postura dos ludditas (operários ingleses ligados ao movimento sindical chamado de *luddismo*, que se insurgiram contra as profundas alterações trazidas pela chamada Revolução Industrial. O termo *luddista* representa também um conceito político, usado para designar todos aqueles que se opõem ao desenvolvimento tecnológico ou industrial) e nos colocar contra o desenvolvimento. Temos, sim, que ter consciência de que o mundo construído deve atender às necessidades históricas da nossa sobrevivência e que os modelos por nós criados devem ser constantemente avaliados e readaptados, para não perdermos de vista a nossa essência como imagem e semelhança do Criador.

6.4.3

A PERDA DO CUIDADO CONSIGO MESMO

O mundo atual é resultado da modernidade que, segundo alguns historiadores, teve seu início com a revolução científica do século XVIII e que chegou ao auge durante o Iluminismo. Tecnicamente, estamos na pós-modernidade (conceito extremamente polêmico), cujo início é demarcado por muitos a partir da segunda metade do século XX e que se caracteriza pela convicção de que a sociedade contemporânea está tão irremediavelmente fraturada – pela comercialização e pela trivialização da cultura, entre outras coisas – que sua compreensão constante é impossível.

Ingram[33] afirma que, para o filósofo alemão Jürgen Habermas, a pós-modernidade é essencialmente conservadora, pois não oferece resistência ao *status quo*. Lyotard[38] argumenta que os modos de conhecimento tradicionais, narrativos e abrangentes, que exigiam uma fundamentação cultural ampla, foram usurpados pelos discursos científicos pragmáticos que sacrificam os fins em benefício dos meios. Já para Jean Baudrillard[6], a pós-modernidade é uma fase cultural de simulacros regressiva e degenerada. Numa cultura baseada no consumo, e não na produção, o significado do objeto não provém do seu uso, mas da sua aquisição; a necessidade não é mais resultado de escassez real, mas de uma simulação. Em uma fraude gerada para tornar o homem um ser de consumo, a atividade comercial tornou-se meio de controle social. Não existe mais sociedade, somente massa social. Na pós-modernidade, quem define a cultura não é o povo, mas simulacros – imagens irreais criadas e geradas pelo novo poder: as novas tecnologias da comunicação, com seu poder de sedução e alienação. Esses pensadores aqui citados ajudaram a escancarar as incoerências e mazelas dos modelos vigentes do mundo atual.

Guy Debord[23], pensador francês, já abordava, no início dos anos 60 do século passado, essa característica da sociedade pós-moderna. A vida se tornou uma peça teatral – o que importa é a aparência e o sucesso do espetáculo; a exterioridade se tornou o *axis-mundi* (eixo do mundo; pilar central do mundo) das relações. A nossa cultura é a cultura dos extremos; em mundos anteriores (de tempos passados), a interioridade era o eixo; na atual, é a exterioridade, pois somos avaliados a partir das aparências. A vida atual se resume naquilo que Baudrillard[6] chamou de *simulacro*. Esvaziamos a nossa relação com o outro e, o que é pior, com nós mesmos; as simulações e o estético passaram a ser mais importantes do que outros valores – perdemos a capacidade do cuidado com nós mesmos, valorizamos o corpo em excesso e esquecemos que somos, segundo as tradições semitas, seres compostos por uma trindade (corpo, alma e espírito). A preocupação excessiva com a exterioridade nos afasta de conhecimentos importantes presentes nas tradições religiosas, como destaca Boff[8]:

O corpo é nossa memória mais arcaica [...] *Através do corpo se mostra a fragilidade humana. A vida corporal é mortal. Ela vai perdendo seu capital energético, seus equilíbrios, adoece e finalmente morre. A morte não vem no fim da vida. Ela começa já no seu primeiro momento. Vamos morrendo lentamente, até acabar de morrer. A aceitação da mortalidade da vida nos faz entender de forma diferente a saúde e a doença.*

A doença remete à saúde. Toda cura deve reintegrar as dimensões da vida sã, no nível pessoal, social e no fundamental que diz respeito ao sentido supremo da existência e do universo. Por isso, o primeiro passo consiste em reforçar a dimensão-saúde para que ela cure a dimensão-doença.

Para reforçar a dimensão-saúde, devemos enriquecer nossa compreensão de saúde. Não podemos entendê-la como a ideologia dominante com suas técnicas sofisticadas e seus inúmeros coquetéis de vitaminas. A saúde é concebida como "saúde total" [...] *Saúde e cura designam o processo de adaptação e de integração das mais diversas situações, nas quais se dá a saúde, a doença, o sofrimento, a recuperação, o envelhecimento e o caminhar tranquilo para a grande passagem da morte. Saúde, portanto, não é um estado nem um ato existencial, mas uma atitude face às várias situações que podem ser doentias ou sãs. Ser pessoa não é simplesmente ter saúde, mas é saber enfrentar saudavelmente a doença e a saúde. Ser saudável significa realizar um sentido de vida que englobe a saúde, a doença e a morte.* (p. 143)

A reflexão de Boff evidencia o quanto o nosso mundo perdeu as conexões com a sabedoria das tradições religiosas. Vivemos em um mundo do *laissez-faire, laissez-passer* (deixar fazer, deixar ir) e das facilidades prazerosas, onde tudo é permitido e facilitado, onde o que vale é a lei do menor esforço, a ausência de compromisso e de responsabilidades. Esquecemos que as tradições religiosas, desde suas origens, afirmam em suas doutrinas que a vida é complexa e dinâmica, que nada é definitivo, que na vida somos aprendizes: aprendemos com as alegrias e tristezas, com a saúde e a doença, com as vitórias e as derrotas, com a sabedoria e a ignorância. A ideologia das facilidades do prazer e do bem-estar nos afasta desses conhecimentos, alterando o nosso modo de vida. Almejamos uma educação, uma religião, uma atividade profissional, enfim, uma vida apoiada no menor esforço, prazerosa e sem dificuldades; sofrimentos, esforço e limites devem ser evitados. Boff[11] percebe essa situação, ao afirmar que:

> *Há também uma pseudotranscendência que a cultura atual promove de forma inflacionada. Acho que todo esse universo de marketing, do showbizz do entretenimento nacional e mundial são os campos onde se produz uma experiência de pseudotranscendência. As menininhas ficam loucas quando veem um artista de televisão e podem tocá-los. Deliram quando encontram a Xuxa, porque a Xuxa é uma fonte de transcendência construída artificialmente. Quando o padre Marcelo Rossi canta, muitos cristãos deliram. É como se baixasse o Espírito Santo neles por força da evocação de emoções. Julgo tais manifestações de pseudotranscendência.*
>
> *E a maior de todas elas é a droga. Ela permite uma viagem fantástica, feita não pela espiritualidade, mas pela química [...] as pseudotranscendências exploram essa capacidade de ultrapassagem do ser humano, mas não lhe conferem a experiência de uma plenitude duradoura. Não é a droga que permite a experiência da viagem, é a*

química presente nela. É diferente da viagem feita a partir do trabalho de busca de sua identidade e de um caminho espiritual mais árduo. Um trabalho onde domesticamos passo a passo os demônios que nos habitam, sem recalcá-los, sem cortar-lhes os chifres, mas controlando-os e canalizando a energia poderosa deles para o nosso crescimento. Porque eles ensejam uma experiência mais global da realidade, permitindo que a luz ilumine as trevas e que a nossa parte sã cure a parte doentia. Essa é a experiência de transcendência fecunda, verdadeiramente humana. (p. 54-55)

Essas perdas acentuam o quanto nos distanciamos dos ensinamentos das tradições religiosas, que exigem de nós um processo constante de autoconhecimento e compromisso com a vida na sua totalidade e complexidade. Como consequência dessa mentalidade vigente, alteramos nossa relação com o planeta e com todos os seres vivos. Essa situação nos aponta dois caminhos: ou mudamos radicalmente a relação com a Terra, com os seres vivos e com a vida, ou inviabilizamos de vez a nossa existência no planeta azul. Já foi desencadeado um processo, um movimento de reação (embora ainda incipiente, dada a urgência do tempo) que está ocorrendo entre pessoas de várias nações, com o objetivo de pôr em prática a primeira alternativa citada. Como fruto dessa preocupação, foi elaborado um documento, a partir da iniciativa de pessoas de várias partes do planeta, organizações governamentais e não-governamentais, instituições e entidades, preocupadas com as condições de vida no planeta. Esse documento recebeu o nome de *Carta da Terra*[19] – um documento público que faz uma radiografia da nossa saúde e da saúde do planeta e propõe alternativas e metas para as mudanças necessárias. Transcrevemos a seguir este documento, com o objetivo de divulgação, reflexão e compromisso com as suas orientações:

A CARTA DA TERRA

Preâmbulo

Estamos diante de um momento crítico na história da Terra, numa época em que a humanidade deve escolher o seu futuro. À medida que o mundo torna-se cada vez mais interdependente e frágil, o futuro enfrenta, ao mesmo tempo, grandes perigos e grandes promessas. Para seguir adiante, devemos reconhecer que, no meio de uma magnífica diversidade de culturas e formas de vida, somos uma família humana e uma comunidade terrestre com um destino comum. Devemos somar forças para gerar uma sociedade sustentável global baseada no respeito pela natureza, nos direitos humanos universais, na justiça econômica e numa cultura da paz. Para chegar a este propósito, é imperativo que nós, os povos da Terra, declaremos nossa responsabilidade uns para com os outros, com a grande comunidade da vida, e com as futuras gerações.

Terra, Nosso Lar

A humanidade é parte de um vasto universo em evolução. A Terra, nosso lar, está viva com uma comunidade de vida única. As forças da natureza fazem da existência uma aventura exigente e incerta, mas a Terra providenciou as condições essenciais para a evolução da vida. A capacidade de recuperação da comunidade da vida e o bem-estar da humanidade dependem da preservação de uma biosfera saudável com todos os seus sistemas ecológicos, uma rica variedade de plantas e animais, solos férteis, águas puras e ar limpo. O meio ambiente global, com seus recursos finitos, é uma preocupação comum de todas as pessoas. A proteção da vitalidade, diversidade e beleza da Terra é um dever sagrado.

A Situação Global

Os padrões dominantes de produção e consumo estão causando devastação ambiental, redução dos recursos e uma massiva extinção de espécies. Comunidades estão sendo arruinadas. Os benefícios do desenvolvimento não estão sendo divididos equitativamente e o fosso entre ricos e pobres está aumentando. A injustiça, a pobreza, a ignorância e os conflitos violentos têm aumentado e são causa de grande sofrimento. O crescimento sem precedentes da população humana tem sobrecarregado os sistemas ecológico e social. As bases da segurança global estão ameaçadas. Essas tendências são perigosas, mas não inevitáveis.

Desafios Para o Futuro

A escolha é nossa: formar uma aliança global para cuidar da Terra e uns dos outros, ou arriscar a nossa destruição e a da diversidade da vida. São necessárias mudanças fundamentais dos nossos valores, instituições e modos de vida. Devemos entender que, quando as necessidades básicas forem atingidas, o desenvolvimento humano será primariamente voltado a ser mais, não a ter mais. Temos o conhecimento e a tecnologia necessários para abastecer a todos e reduzir nossos impactos ao meio ambiente. O surgimento de uma sociedade civil global está criando novas oportunidades para construir um mundo democrático e humano.

Nossos desafios ambientais, econômicos, políticos, sociais e espirituais estão interligados, e, juntos, podemos forjar soluções includentes.

Responsabilidade Universal

Para realizar essas aspirações, devemos decidir viver com um sentido de responsabilidade universal, identificando-nos com toda a comunidade terrestre bem como com nossa comunidade local. Somos, ao mesmo tempo, cidadãos de nações diferentes e de um mundo no qual a dimensão local e global estão ligadas. Cada um compartilha da responsabilidade pelo presente e pelo futuro, pelo bem-estar da família humana e de todo o mundo dos seres vivos. O espírito de solidariedade humana e de parentesco com toda a vida é fortalecido quando vivemos com reverência ao mistério da existência, com gratidão pelo dom da vida, e com humildade considerando em relação ao lugar que ocupa o ser humano na natureza.

Necessitamos com urgência de uma visão compartilhada de valores básicos para proporcionar um fundamento ético à comunidade mundial emergente. Portanto, juntos na esperança, afirmamos os seguintes princípios, todos interdependentes, visando um modo de vida sustentável como critério comum, através dos quais a conduta de todos os indivíduos, organizações, empresas, governos, e instituições transnacionais será guiada e avaliada.

Princípios

I. Respeitar e cuidar da comunidade da vida

1. **Respeitar a Terra e a vida em toda sua diversidade.**
   - *a.* *Reconhecer que todos os seres são interligados e que cada forma de vida tem valor, independentemente de sua utilidade para os seres humanos.*
   - *b.* *Afirmar a fé na dignidade inerente de todos os seres humanos e no potencial intelectual, artístico, ético e espiritual da humanidade.*

2. ***Cuidar da comunidade da vida com compreensão, compaixão e amor.***

   a. *Aceitar que, com o direito de possuir, administrar e usar os recursos naturais vem o dever de impedir o dano causado ao meio ambiente e de proteger os direitos das pessoas.*

   b. *Assumir que o aumento da liberdade, dos conhecimentos e do poder implica responsabilidade na promoção do bem comum.*

3. ***Construir sociedades democráticas que sejam justas, participativas, sustentáveis e pacíficas.***

   a. *Assegurar que as comunidades em todos níveis garantam os direitos humanos e as liberdades fundamentais e proporcionem a cada um a oportunidade de realizar seu pleno potencial.*

   b. *Promover a justiça econômica e social, propiciando a todos a consecução de uma subsistência significativa e segura, que seja ecologicamente responsável.*

4. ***Garantir as dádivas e a beleza da Terra para as atuais e as futuras gerações.***

   a. *Reconhecer que a liberdade de ação de cada geração é condicionada pelas necessidades das gerações futuras.*

   b. *Transmitir às futuras gerações valores, tradições e instituições que apoiem, em longo prazo, a prosperidade das comunidades humanas e ecológicas da Terra.*

Para poder cumprir estes quatro amplos compromissos, é necessário:

5. ***Proteger e restaurar a integridade dos sistemas ecológicos da Terra, com especial preocupação pela diversidade biológica e pelos processos naturais que sustentam a vida.***

   a. *Adotar planos e regulamentações de desenvolvimento sustentável em todos os níveis que façam com que a conservação ambiental e a reabilitação sejam parte integral de todas as iniciativas de desenvolvimento.*

   b. *Estabelecer e proteger as reservas com uma natureza viável e da biosfera, incluindo terras selvagens e áreas marinhas, para proteger os sistemas de sustento à vida da Terra, manter a biodiversidade e preservar nossa herança natural.*

   c. *Promover a recuperação de espécies e ecossistemas ameaçados.*

   d. *Controlar e erradicar organismos não-nativos ou modificados geneticamente que causem dano às espécies nativas, ao meio ambiente, e prevenir a introdução desses organismos daninhos.*

   e. *Manejar o uso de recursos renováveis como água, solo, produtos florestais e vida marinha de forma que não excedam as taxas de regeneração e que protejam a sanidade dos ecossistemas.*

   f. *Manejar a extração e o uso de recursos não-renováveis, como minerais e combustíveis fósseis de forma que diminuam a exaustão e não causem dano ambiental grave.*

6. ***Prevenir o dano ao ambiente como o melhor método de proteção ambiental e, quando o conhecimento for limitado, assumir uma postura de precaução.***

   a. *Orientar ações para evitar a possibilidade de sérios ou irreversíveis danos ambientais mesmo quando a informação científica for incompleta ou não conclusiva.*

b. *Impor o ônus da prova àqueles que afirmarem que a atividade proposta não causará dano significativo e fazer com que os grupos sejam responsabilizados pelo dano ambiental.*

c. *Garantir que a decisão a ser tomada se oriente pelas consequências humanas globais, cumulativas, de longo prazo, indiretas e de longo alcance.*

d. *Impedir a poluição de qualquer parte do meio ambiente e não permitir o aumento de substâncias radioativas, tóxicas ou outras substâncias perigosas.*

e. *Evitar que atividades militares causem dano ao meio ambiente.*

7. ***Adotar padrões de produção, consumo e reprodução que protejam as capacidades regenerativas da Terra, os direitos humanos e o bem-estar comunitário.***

a. *Reduzir, reutilizar e reciclar materiais usados nos sistemas de produção e consumo e garantir que os resíduos possam ser assimilados pelos sistemas ecológicos.*

b. *Atuar com restrição e eficiência no uso de energia e recorrer cada vez mais aos recursos energéticos renováveis, como a energia solar e a do vento.*

c. *Promover o desenvolvimento, a adoção e a transferência equitativa de tecnologias ambientais saudáveis.*

d. *Incluir totalmente os custos ambientais e sociais de bens e serviços no preço de venda e habilitar os consumidores a identificar produtos que satisfaçam as mais altas normas sociais e ambientais.*

e. *Garantir acesso universal à assistência de saúde que fomente a saúde reprodutiva e a reprodução responsável.*

f. Adotar estilos de vida que acentuem a qualidade de vida e subsistência material num mundo finito.

8. **Avançar o estudo da sustentabilidade ecológica e promover a troca aberta e a ampla aplicação do conhecimento adquirido.**
   a. *Apoiar a cooperação científica e técnica internacional relacionada à sustentabilidade, com especial atenção às necessidades das nações em desenvolvimento.*
   b. *Reconhecer e preservar os conhecimentos tradicionais e a sabedoria espiritual em todas as culturas que contribuam para a proteção ambiental e o bem-estar humano.*
   c. *Garantir que informações de vital importância para a saúde humana e para a proteção ambiental, incluindo informação genética, estejam disponíveis ao domínio público.*

III. Justiça social e econômica

9. **Erradicar a pobreza como um imperativo ético, social e ambiental.**
   a. *Garantir o direito à água potável, ao ar puro, à segurança alimentar, aos solos não-contaminados, ao abrigo e saneamento seguro, distribuindo os recursos nacionais e internacionais requeridos.*
   b. *Prover cada ser humano de educação e recursos para assegurar uma subsistência sustentável, e proporcionar seguro social e segurança coletiva a todos aqueles que não são capazes de manter-se por conta própria.*
   c. *Reconhecer os ignorados, proteger os vulneráveis, servir àqueles que sofrem, e permitir-lhes desenvolver suas capacidades e alcançar suas aspirações.*

10. ***Garantir que as atividades e instituições econômicas em todos os níveis promovam o desenvolvimento humano de forma equitativa e sustentável.***

  a. *Promover a distribuição equitativa da riqueza dentro das e entre as nações.*

  b. *Incrementar os recursos intelectuais, financeiros, técnicos e sociais das nações em desenvolvimento e isentá-las de dívidas internacionais onerosas.*

  c. *Garantir que todas as transações comerciais apoiem o uso de recursos sustentáveis, a proteção ambiental e normas trabalhistas progressistas.*

  d. *Exigir que corporações multinacionais e organizações financeiras internacionais atuem com transparência em benefício do bem comum e responsabilizá-las pelas consequências de suas atividades.*

11. ***Afirmar a igualdade e a equidade de gênero como pré-requisitos para o desenvolvimento sustentável e assegurar o acesso universal à educação, assistência de saúde e às oportunidades econômicas.***

  a. *Assegurar os direitos humanos das mulheres e das meninas e acabar com toda violência contra elas.*

  b. *Promover a participação ativa das mulheres em todos os aspectos da vida econômica, política, civil, social e cultural como parceiras plenas e paritárias, tomadoras de decisão, líderes e beneficiárias.*

  c. *Fortalecer as famílias e garantir a segurança e a educação amorosa de todos os membros da família.*

12. ***Defender, sem discriminação, os direitos de todas as pessoas a um ambiente natural e social, capaz de assegurar a dignidade humana, a saúde corporal e o bem-estar espiritual, concedendo especial atenção aos direitos dos povos indígenas e minorias.***

a. *Eliminar a discriminação em todas suas formas, como as baseadas em raça, cor, gênero, orientação sexual, religião, idioma e origem nacional, étnica ou social.*

b. *Afirmar o direito dos povos indígenas à sua espiritualidade, conhecimentos, terras e recursos, assim como às suas práticas relacionadas a formas sustentáveis de vida.*

c. *Honrar e apoiar os jovens das nossas comunidades, habilitando-os a cumprir seu papel essencial na criação de sociedades sustentáveis.*

d. *Proteger e restaurar lugares notáveis pelo significado cultural e espiritual.*

IV. Democracia, não-violência e paz

13. **Fortalecer as instituições democráticas em todos os níveis e proporcionar-lhes transparência e prestação de contas no exercício do governo, participação inclusiva na tomada de decisões e acesso à justiça.**

a. *Defender o direito de todas as pessoas no sentido de receber informação clara e oportuna sobre assuntos ambientais e todos os planos de desenvolvimento e atividades que poderiam afetá-las ou nos quais tenham interesse.*

b. *Apoiar sociedades civis locais, regionais e globais e promover a participação significativa de todos os indivíduos e organizações na tomada de decisões.*

c. *Proteger os direitos à liberdade de opinião, de expressão, de assembleia pacífica, de associação e de oposição.*
d. *Instituir o acesso efetivo e eficiente a procedimentos administrativos e judiciais independentes, incluindo retificação e compensação por danos ambientais e pela ameaça de tais danos.*
e. *Eliminar a corrupção em todas as instituições públicas e privadas.*
f. *Fortalecer as comunidades locais, habilitando-as a cuidar dos seus próprios ambientes, e atribuir responsabilidades ambientais aos níveis governamentais onde possam ser cumpridas mais efetivamente.*

14. ***Integrar, na educação formal e na aprendizagem ao longo da vida, os conhecimentos, valores e habilidades necessárias para um modo de vida sustentável.***
 a. *Oferecer a todos, especialmente a crianças e jovens, oportunidades educativas que lhes permitam contribuir ativamente para o desenvolvimento sustentável.*
 b. *Promover a contribuição das artes e humanidades, assim como das ciências, na educação para sustentabilidade.*
 c. *Intensificar o papel dos meios de comunicação de massa no sentido de aumentar a sensibilização para os desafios ecológicos e sociais.*
 d. *Reconhecer a importância da educação moral e espiritual para uma subsistência sustentável.*

15. ***Tratar todos os seres vivos com respeito e consideração.***
 a. *Impedir crueldades aos animais mantidos em sociedades humanas e protegê-los de sofrimentos.*

b. Proteger animais selvagens de métodos de caça, armadilhas e pesca que causem sofrimento extremo, prolongado ou evitável.

c. Evitar ou eliminar ao máximo possível a captura ou destruição de espécies não visadas.

16. *Promover uma cultura de tolerância, não-violência e paz.*

a. Estimular e apoiar o entendimento mútuo, a solidariedade e a cooperação entre todas as pessoas, dentro das e entre as nações.

b. Implementar estratégias amplas para prevenir conflitos violentos e usar a colaboração na resolução de problemas para manejar e resolver conflitos ambientais e outras disputas.

c. Desmilitarizar os sistemas de segurança nacional até chegar ao nível de uma postura não-provocativa da defesa e converter os recursos militares em propósitos pacíficos, incluindo restauração ecológica.

d. Eliminar armas nucleares, biológicas e tóxicas e outras armas de destruição em massa.

e. Assegurar que o uso do espaço orbital e cósmico mantenha a proteção ambiental e a paz.

f. Reconhecer que a paz é a plenitude criada por relações corretas consigo mesmo, com outras pessoas, outras culturas, outras vidas, com a Terra e com a totalidade maior da qual somos parte.

O Caminho Adiante

Como nunca antes na história, o destino comum nos conclama a buscar um novo começo. Tal renovação é a promessa dos princípios da Carta da Terra. Para cumprir esta promessa, temos que nos comprometer a adotar e promover os valores e objetivos da Carta.

Isto requer uma mudança na mente e no coração. Requer um novo sentido de interdependência global e de responsabilidade universal. Devemos desenvolver e aplicar com imaginação a visão de um modo de vida sustentável aos níveis local, nacional, regional e global. Nossa diversidade cultural é uma herança preciosa, e diferentes culturas encontrarão suas próprias e distintas formas de realizar esta visão. Devemos aprofundar e expandir o diálogo global gerado pela Carta da Terra, porque temos muito que aprender a partir da busca iminente e conjunta por verdade e sabedoria.

A vida muitas vezes envolve tensões entre valores importantes. Isto pode significar escolhas difíceis. Porém, necessitamos encontrar caminhos para harmonizar a diversidade com a unidade, o exercício da liberdade com o bem comum, objetivos de curto prazo com metas de longo prazo. Todo indivíduo, família, organização e comunidade têm um papel vital a desempenhar. As artes, as ciências, as religiões, as instituições educativas, os meios de comunicação, as empresas, as organizações não-governamentais e os governos são todos chamados a oferecer uma liderança criativa. A parceria entre governo, sociedade civil e empresas é essencial para uma governabilidade efetiva.

Para construir uma comunidade global sustentável, as nações do mundo devem renovar seu compromisso com as Nações Unidas, cumprir com suas obrigações respeitando os acordos internacionais existentes e apoiar a implementação dos princípios da Carta da Terra como um instrumento internacional legalmente unificador quanto ao ambiente e ao desenvolvimento. Que o nosso tempo seja lembrado pelo despertar de uma nova reverência face à vida, pelo compromisso firme de alcançar a sustentabilidade, a intensificação da luta pela justiça e pela paz, e a alegre celebração da vida.

A *Carta da Terra* contém preocupações atuais que sempre estiveram presentes nas doutrinas das tradições religiosas, como a preocupação com a vida, tanto individual como coletiva, das relações dos homens entre si e com o planeta. Para as tradições religiosas, a felicidade não se restringe ao âmbito individual – ela é coletiva, e o seu conceito não é hedonista e egocêntrico, como está disseminado na sociedade atual. Compreendemos a ideia de felicidade nas tradições religiosas a partir de um conceito doutrinal, presente em todas, que é a doutrina do *Paraíso*, literalmente entendido como o lugar onde o mal não existe, onde a vida é vida na sua plenitude, fundada na harmonia entre os homens, o cosmo e Deus.

Como organismos vivos, temos necessidades básicas, tais como as de respirar, alimentar-se, hidratar-se, ter sono e repouso, possuir afetos, produzir/construir, conviver e amar; esse conjunto de necessidades mantém a vida, mas, se elas forem negligenciadas, a nossa existência corre riscos. E qual a interface das tradições religiosas com essas questões? Elas, como a primeira forma de conhecimento produzido pelo homem, sempre fizeram da preservação da vida o seu objetivo, convergindo no fato de estarem radicalmente envolvidas em nosso processo de humanização. Ser humano é preservar a vida em sua plenitude e lutar pela sua manutenção e continuidade. Quando as tradições apontam caminhos de organização da vida em grupo, fundada no princípio de relacionamento responsável e compromissado com o todo, gerando regras e criando éticas, elas reforçam o seu compromisso com a vida.

Síntese

Neste capítulo, fizemos uma abordagem sobre a comunidade enfocando sua estrutura, organização e importância no âmbito das tradições religiosas. A comunidade se constitui num agrupamento de pessoas, regido por princípios e normas que garantem o funcionamento do grupo – o fio condutor desses princípios é a ética. Ao longo do texto, evidenciamos os princípios éticos de algumas tradições religiosas, destacando o nosso afastamento da dimensão do cuidado. A humanidade foi perdendo, ao longo da nossa história, a proximidade com o cuidado, culminando na crise atual. Destacamos no final do capítulo a *Carta da Terra*, que faz uma radiografia da situação do homem no planeta.

Atividades de Autoavaliação

1 Referente às comunidades e à ética, julgue verdadeiras (V) ou falsas (F) as afirmativas a seguir:

( ) A comunidade social é um agrupamento de pessoas que partilham uma mesma crença, ideais, princípios comuns e herança cultural.

( ) As regras que determinam o comportamento dos indivíduos na comunidade religiosa está fundamentada na doutrina das tradições religiosas.

( ) A metaética indica os princípios da conduta correta do indivíduo no grupo social.

( ) Quanto menos racionalizada for a tradição religiosa, mais rígidas serão as normas disciplinares adotadas na comunidade.

Agora, assinale a alternativa que apresenta a sequência correta:

A) F, V, F, V
B) V, F, F, F
C) V, V, F, V
D) V, V, F, F

2 Sobre a ética religiosa, qual(is) afirmativa(s) é(são) correta(s) e qual(is) é(são) falsa(s)?

( ) As religiões semitas (judaísmo, cristianismo e islamismo) compreendem a ética como uma adequação à harmonia universal e à vontade de Deus.

( ) Na ética hindu, não existe uma igualdade natural entre os humanos, a sua casta é o referencial; cada indivíduo realiza a sua evolução segundo a doutrina do carma, dentro do seu estado encarnatório (castas).

( ) Nas religiões africanas, a ética está ligada à concepção de vida como bem supremo a ser respeitado. Nessa cultura religiosa, o culto aos ancestrais é importante, o que torna a procriação biológica (o fato de ser parente sanguíneo) num dos fundamentos basilares dessa ética.

( ) A ética islâmica recomenda uma ordem social e econômica dirigida para o bem-estar de todos, que em parte é garantida pelos impostos sociais que os fiéis recolhem.

Assinale a alternativa que apresenta a sequência correta:

A) F, V, F, V
B) V, F, F, F
C) V, V, F, V
D) V, V, F, F

3 A sociedade atual caracteriza-se pela perda da dimensão do cuidado; referente a esse problema, qual(is) afirmativa(s) é(são) verdadeira(s) e qual(is) é(são) falsa(s)?

( ) A perda do cuidado com a Terra deve-se ao discurso doutrinal-teológico da dualidade.

( ) A perda do cuidado com o outro deve-se ao processo de industrialização, no qual a oferta passou a ser maior que a procura, acirrando a competição entre os trabalhadores.

( ) Segundo Leonardo Boff, somos reféns de um tipo de desenvolvimento que apenas atende as necessidades de uma parte da humanidade (os países industrializados), deixando os demais em um estado de carência, quando não diretamente na fome e na miséria.

( ) Um dos princípios da *Carta da Terra* afirma que é preciso eliminar a extração e o uso de recursos não-renováveis, como minerais e combustíveis fósseis de forma que não causem dano ambiental grave.

Assinale a alternativa que apresenta a sequência correta:

A) V, F, F, V

B) V, V, V, V

C) V, V, V, F

D) F, F, F, F

4 Entre as afirmativas a seguir, qual(is) é(são) verdadeira(s) e qual(is) é (são) falsa(s)?

( ) A nossa cultura é a cultura dos extremos. Em mundos anteriores, a interioridade era o eixo; no entanto, no mundo atual é a exterioridade que vige – o estético passou a ser mais importante que outros valores; perdemos a capacidade do cuidado com nós mesmos.

( ) A saúde é concebida como saúde total [...] Saúde e cura designam o processo de adaptação e de integração das mais diversas situações, nas quais ocorre a doença, o sofrimento, a recuperação, o envelhecimento e o caminhar tranquilo para a grande passagem da morte. Saúde, portanto, é um estado, um ato existencial, uma atitude face às várias situações que podem ser doentias ou sãs.

( ) Há também uma pseudotranscendência que a cultura atual promove de forma inflacionada. Todo esse universo de *marketing*, do *showbizz* do entretenimento nacional e mundial, são os campos onde se produz uma experiência de pseudotranscendência. E a maior de todas elas é a droga. Ela permite uma viagem fantástica, feita não pela espiritualidade, mas pela química [...] É igual à viagem feita a partir do trabalho de busca de sua identidade e de um caminho espiritual mais árduo.

( ) Aceitar que, com o direito de possuir, administrar e usar os recursos naturais, vem o dever de impedir o dano causado ao meio ambiente e de proteger os direitos das pessoas.

Assinale a alternativa que apresenta a sequência correta:

A) F, V, F, V

B) V, F, F, V

C) V, V, F, F

D) F, V, V, F

5 Sobre a *Carta da Terra*, qual(is) afirmativa(s) a seguir é (são) verdadeira(s) e qual(is) é (são) falsas?

( ) Devemos desmilitarizar os sistemas de segurança nacional até chegar ao nível de uma postura não-provocativa da defesa e converter os recursos militares em propósitos pacíficos, incluindo restauração da economia.

( ) Devemos somar forças para gerar uma sociedade sustentável global baseada no respeito pela natureza, nos direitos humanos universais, na justiça econômica e numa cultura da paz.

( ) A proteção da vitalidade, diversidade e beleza da Terra é um dever sagrado das religiões.

( ) Cada um compartilha da responsabilidade pelo presente e pelo futuro, pelo bem-estar da família humana e de todo o mundo dos seres vivos.

Assinale a alternativa que apresenta a sequência correta:

A) F, V, F, V

B) V, F, F, V

C) V, V, F, F

D) F, V, V, F

Atividades de Aprendizagem

Questões para Reflexão

1. Elabore um texto em que seja evidenciada a importância da *Carta da Terra*.

2. Elabore um texto sobre a pseudotranscendência da cultura atual e sua influência na sociedade.

Atividade Aplicada: Prática

1. Selecione uma reportagem de jornal ou revista, na qual você tenha percebido uma situação de "quebra" da ética adotada pelas tradições religiosas africanas, e teça comentários a respeito.

Considerações finais

Escrever sobre as tradições religiosas é uma tarefa que pode ser fácil e difícil. Fácil, se trilharmos o caminho do proselitismo religioso, preocupado em exaltar tão somente a nossa fé, transmitindo a ideia de que ela é a única via a ser trilhada em direção a Deus, que a sua doutrina é original e, portanto, a única que é correta. Esse caminho com certeza irá reforçar os fundamentalismos religiosos, a intransigência e a falta de alteridade, caminho este que justificará a tese de que as religiões são instrumentos de poder a serviço da alienação do povo.

É tarefa difícil, no entanto, quando trilhamos o caminho da religião como o primeiro saber construído pelo homem, como ferramenta para compreender a sua existência. Esse caminho é árduo, pois obriga o indivíduo a fazer incursões em várias áreas do conhecimento, para poder compreendê-las melhor e perceber a sua importância para a humanidade. Esse caminho despoja as tradições religiosas do saber absoluto – superior aos demais saberes –, reforça a ideia das tradições religiosas como civilizadoras e a importância do seu papel, que deve ser compreendido num contexto bem mais amplo que o doutrinal-teológico.

Tentar compreender as tradições religiosas sem utilizar as ferramentas que a ciência da religião disponibiliza é incorrer no erro da leitura apressada, tão comum nos tempos atuais. A ciência da religião ajuda-nos nessa compreensão, por usar métodos racionais que facilitam o entendimento do saber produzido em seu interior e o sentido da sua construção.

Nesta obra, trabalhamos temas que não são consensuais e que irão gerar discussão e até divergências, mas reforçamos a ideia de que o saber humano é um saber em construção, um saber em constante movimento dialético em busca da verdade, que é uma meta a ser atingida. Não existe saber pronto e acabado, assim como não há verdades absolutas, incólumes a questionamentos; saberes e verdades desse tipo são saberes e verdades mortas, pois lhes falta a flexibilidade própria da vida – "a morte é rigidez", como afirmam os textos sagrados chineses.

Não pretendemos ser unanimidade na área; queremos apenas contribuir para uma melhor compreensão das tradições religiosas e sua importância para os homens. Por isso, ao longo da obra, reforçamos a tese de que elas são civilizadoras e que o conhecimento produzido no seu interior tem o objetivo de facilitar aos homens a compreensão da sua existência e o real sentido da sua vida neste planeta.

Referências

1 Abbagnano, N. *Dicionário de filosofia*. São Paulo: Mestre Jou, 1970.

2 Alcorão. Português. *Alcorão sagrado*. Traduzido por Samir El-Hayyek. Arresala: Centro Islâmico no Brasil. Disponível em: <http://www.arresala.org.br/not.php?op=84>. Acesso em: 3 dez. 2008.

3 Armstrong, K. *A grande transformação*: o mundo na época de Buda, Confúcio e Jeremias. São Paulo: Companhia das Letras, 2008.

4 ______. *Uma história de Deus*: quatro milênios de busca do judaísmo, cristianismo e islamismo. São Paulo: Companhia das Letras, 1999.

5 Associação Palas Athena do Brasil. *Sua Santidade, o Dalai Lama*. Disponível em: <http://www.dalailama.org.br/>. Acesso em: 8 dez. 2008.

6 Baudrillard, J. *Simulacros e simulação*. Rio de Janeiro: Relógio d'Água, 1991.

7 Bíblia. Português. *Bíblia sagrada*. Traduzido por Ludovico Garmus. Petrópolis, RJ: Vozes, 2005.

8 Boff, L. *Ética da vida*. Brasília: Letraviva, 1999.

9 ______. *Ética e moral*: a busca dos fundamentos. Petrópolis, RJ: Vozes, 2003.

10 ______. *Saber cuidar*: ética do humano – compaixão pela Terra. Petrópolis, RJ: Vozes, 1999.

11 ______. *Tempo de transcendência*: o ser humano como um projeto infinito. Rio de Janeiro: Sextante, 2000.

12 Botas, P. O. *Xirê*: a ciranda dos encantados. São Paulo: Ave-Maria, 1997.

13 Bowker, J. *O livro de ouro das religiões*: a fé no ocidente e oriente, da pré-história aos nossos dias. Rio de Janeiro: Ediouro, 2004.

14 ______. *Para entender as religiões*. São Paulo: Ática, 1997.

15 Buck, W. (recontado por). *Mahabharata*. São Paulo: Cultrix, 1994.

16 Chaui, M. *Convite à filosofia*. São Paulo: Ática, 1994.

17 CHEVALIER, J.; GHEERBRANT, A. *Dicionário de símbolos*: mitos, sonhos, costumes, gestos, formas, figuras, cores, números. 3. ed. Rio de Janeiro: J. Olympio, 1990.

18 CHIAVENATO, J. J. *Religião*: da origem à ideologia. Ribeirão Preto: Funpec, 2002.

19 COMISSÃO DA CARTA DA TERRA. *Carta da Terra*, 2000. Disponível em: <http://www.cartadaterrabrasil.org/prt/text.html>. Acesso em: 5 dez. 2008.

20 CONFÚCIO. *Diálogos de Confúcio*. São Paulo: Ibrasa, 1983.

21 COOGAN, M. D. *Religiões*: história, tradições e fundamentos das principais crenças religiosas. São Paulo: Publifolha, 2007.

22 D'ALVIELLA, G. *A migração dos símbolos*. São Paulo: Pensamento, 1995.

23 DEBORD, G. *A sociedade do espetáculo*. São Paulo: Contraponto, 1997.

24 DEBRAY, R. *Curso de midiologia geral*. Petrópolis, RJ: Vozes, 1993.

25 DELUMEAU, J. *História do medo no ocidente*: 1330-1800 – uma cidade sitiada. São Paulo: Companhia das Letras, 1989.

26 DELUMEAU, J. (Org.). *As grandes religiões do mundo*. Lisboa: Presença, 1997.

27 ______. *O pecado e o medo*: a culpabilização no ocidente (séculos 13-18). Bauru: Edusc, 2003. v. 2.

28 DUSSEL, E. *Ética da libertação*: na idade da globalização e da exclusão. Petrópolis, RJ: Vozes, 2000.

29 GRESCHAT, H.-J. *O que é ciência da religião?* São Paulo: Paulinas, 2005.

30 HAINCHELIN, C. *As origens da religião*. São Paulo: Hemus, 1971.

31 HAYEK, S. E. (Trad.). *O significado dos versículos do Alcorão Sagrado com comentários*. 11. ed. São Paulo: Marsa, 2001.

32 HOUAISS, A.; VILLAR, M.; FRANCO, F. M. de M. *Dicionário Houaiss da língua portuguesa*. Rio de Janeiro: Objetiva, 2001.

33 INGRAM, David. *Habermas e a dialética da razão*. 2. ed. Brasília: UnB, 1994.

34 KARDEC, A. *O livro dos espíritos*. Brasília: FEB, 2005.

35Kempis, T. H. *A imitação de Cristo*. Lisboa: Editorial Estampa, 1991.

36Kluge, M. *A sabedoria da Índia*. Rio de Janeiro: Ediouro, 1984.

37Köning, F. C.; Waldenfels, H. *Léxico das religiões*. Petrópolis, RJ: Vozes, 1998.

38Lyotard, J.-F. *A condição pós-moderna*. 5. ed. Rio de Janeiro: J. Olympio, 1998.

39Melamed, M. M. *Torá*: a lei de Moisés. São Paulo: Sefer, [S. d.]

40Morin, E. *O homem e a morte*. Rio de Janeiro: Imago, 1997.

41Nasser, M. C. C. *O uso de símbolos*: sugestões para a sala de aula. São Paulo: Paulinas, 2006.

42NI, H.-C. *Hua Hu Ching*: os últimos ensinamentos de Lao Tzu. São Paulo: Pensamento, 1997.

43Normand, H. *Os mestres do Tao*: Lao-Tzu, Lie-Tzu, Chuang-Tzu. São Paulo: Pensamento, 1987.

44Novak, P. *A sabedoria do mundo*: textos sagrados sobre as religiões universais. Rio de Janeiro: Nova Era, 1999.

45O'Brien, J. *O atlas das religiões*. São Paulo: Publifolha, 2008.

46Passos, J. D. *Como a religião se organiza*: tipos e processos. São Paulo: Paulinas, 2006.

47Peirano, M. *Rituais ontem e hoje*. Rio de Janeiro: J. Zahar, 2003.

48Philip, N. *O livro ilustrado dos mitos*: contos e lendas do mundo. São Paulo: Marco Zero, 1996.

49Platão. *A república*. São Paulo: Rideel, 2004.

50Piazza, W. O. *Introdução à fenomenologia religiosa*. 2. ed. Petrópolis, RJ: Vozes, 1983.

51Prabhavananda, S.; Manchester, F. *Os upanishads*: sopro vital do eterno. São Paulo: Pensamento, 1987.

52Rivière, C. *Os ritos profanos*. Petrópolis, RJ: Vozes, 1997.

53 Ronecker, J.-P. *O simbolismo animal*: mitos, crenças, lendas, arquétipos, folclore, imaginário. São Paulo: Paulus, 1997.

54 Scherer, B. (Org.). *As grandes religiões*: temas centrais comparados. Petrópolis, RJ: Vozes, 2005.

55 Schlesinger, H.; Porto, H. *Dicionário enciclopédico das religiões*. Petrópolis, RJ: Vozes, 1995. v. I e II.

56 Silva, G. da. *Dhammapada*: caminho da lei; *Atthaka*: o livro das oitavas. São Paulo: Pensamento, 1983.

57 Smith, H. *As religiões do mundo*: nossas grandes tradições de sabedoria. São Paulo: Cultrix, 2001.

58 Tonnies, F. *Comunidad y sociedad*. Buenos Aires: Losada, 1947.

59 Usarski, F. (Org.). *Constituintes da ciência da religião:* cinco ensaios em prol de uma disciplina autônoma. São Paulo: Paulinas, 2007.

60 ______. *O espectro disciplinar da ciência da religião*. São Paulo: Paulinas, 2007.

61 Van Gennep, A. *Os ritos de passagem*. Petrópolis, RJ: Vozes, 1978.

62 Wach, J. *Sociologia da religião*. São Paulo: Paulinas, 1990.

63 Whitmont, E. C. *A busca do símbolo*: conceitos básicos de psicologia analítica. São Paulo: Cultrix, 1995.

Bibliografia comentada

COOGAN, M. D. *Religiões*: história, tradições e fundamentos das principais crenças religiosas. São Paulo: Publifolha, 2007.

Essa obra aborda as tradições religiosas do cristianismo, judaísmo, islamismo, budismo, hinduísmo, tradições chinesas e japonesas, trazendo informações sobre as origens históricas, os textos sagrados, datas religiosas, pessoas santas, espaços e templos sagrados, informações fidedignas e importantes para compreendermos essas tradições religiosas.

DELUMEAU, J. (Org.). *As grandes religiões do mundo*. Lisboa: Editorial Presença, 1997.

Essa obra é de fundamental importância para o estudante das tradições religiosas. Os textos são produzidos por pensadores e teólogos da própria tradição religiosa, o que confere ao livro profundidade fidedigna. Esta obra se transforma, ao fim e ao cabo, em uma verdadeira enciclopédia das religiões.

O'BRIEN, J. *O atlas das religiões*. São Paulo: Publifolha, 2008.

Essa obra mapeia as religiões no mundo, destacando os seus desafios, impactos e divisões, além de abordar temas de relevância, como: fundamentalismo religioso, novos movimentos religiosos, ateísmo, perseguição aos credos, causas humanitárias, ambientalismo. Traz também mapas que ajudam a contextualizar as religiões no mundo.

USARSKI, F. (Org.). *Constituintes da ciência da religião*: cinco ensaios em prol de uma disciplina autônoma. São Paulo: Paulinas, 2007.

Esta obra, organizada por um cientista da religião, faz uma análise e crítica às ideologias presentes na estrutura das instituições religiosas.

_______. *O espectro disciplinar da ciência da religião*. São Paulo: Paulinas, 2007.

Este livro, também organizado por Frank Usarski, renomado cientista da religião, procura fazer uma aproximação entre os saberes de outras ciências com o saber do universo religioso.

Respostas das atividades

Capítulo 1

Atividades de Autoavaliação

1. A
2. B
3. A
4. C
5. C

Atividades de Aprendizagem

Questões para Reflexão

1. e 2. A partir das respostas pessoais às questões propostas, deve-se redigir um texto, de 2 a 4 páginas, em forma de artigo, que relacione tais questões e apresente as ideias do aluno sobre o assunto.

Capítulo 2

Atividades de Autoavaliação

1. C
2. B
3. A
4. B
5. B

Atividades de Aprendizagem

Questões para Reflexão

1. e 2. A partir das respostas pessoais às questões propostas, deve-se redigir um texto, de 2 a 4 páginas, em forma de artigo, que relacione tais questões e apresente as ideias do aluno sobre o assunto.

Capítulo 3

Atividades de Autoavaliação

1. A
2. B
3. C
4. D
5. B

Atividades de Aprendizagem

Questões para Reflexão

1. e 2. A partir das respostas pessoais às questões propostas, deve-se redigir um texto, de 2 a 4 páginas, em forma de artigo, que relacione tais questões e apresente as ideias do aluno sobre o assunto.

Capítulo 4

Atividades de Autoavaliação

1. A
2. A
3. D
4. C
5. D

Atividades de Aprendizagem

Questões para Reflexão

1. e 2. A partir das respostas pessoais às questões propostas, deve-se redigir um texto, de 2 a 4 páginas, em forma de artigo, que relacione tais questões e apresente as ideias do aluno sobre o assunto.

Capítulo 5

Atividades de Autoavaliação

1. D
2. A
3. D
4. D
5. A

Atividades de Aprendizagem

Questões para Reflexão

1. e 2. A partir das respostas pessoais às questões propostas, deve-se redigir um texto, de 2 a 4 páginas, em forma de artigo, que relacione tais questões e apresente as ideias do aluno sobre o assunto.

Capítulo 6

Atividades de Autoavaliação

1. A
2. B
3. C
4. B
5. A

Atividades de Aprendizagem

Questões para Reflexão

1. e 2. A partir das respostas pessoais às questões propostas, deve-se redigir um texto, de 2 a 4 páginas, em forma de artigo, que relacione tais questões e apresente as ideias do aluno sobre o assunto.

Sobre o autor

Luiz Alberto Sousa Alves é licenciado em Filosofia pela Universidade Federal do Maranhão – UFMA (1983), especialista em História da Filosofia Contemporânea pela Pontifícia Universidade Católica do Paraná – PUCPR (1986) e Mestre em Educação pela mesma instituição (1996). Atualmente, é professor adjunto do Departamento de Teologia da Pontifícia Universidade Católica do Paraná, atuando na área de Cultura Religiosa, Fenomenologia das Religiões, Ecumenismo e Textos Sagrados das Religiões. É membro do Grupo de Pesquisa Educação e Religião (GPER) e autor de vários artigos publicados em periódicos especializados, capítulos e livros organizados com temáticas relacionadas à fenomenologia das religiões, textos sagrados, cultura religiosa e ensino religioso.

Os papéis utilizados neste livro, certificados por instituições ambientais competentes, são recicláveis, provenientes de fontes renováveis e, portanto, um meio responsável e natural de informação e conhecimento.

FSC
www.fsc.org
MISTO
Papel produzido a partir de fontes responsáveis
FSC® C103535

Impressão: Reproset
Novembro/2020